Tanja Raich · Das Paradies ist weiblich

TANJA RAICH (HG.)

Das Paradies ist weiblich

20 EINLADUNGEN IN EINE WELT,
IN DER FRAUEN DAS SAGEN HABEN

KEIN & ABER

1. Auflage Februar 2022
2. Auflage März 2022

Die Quellenangaben finden sich am Ende des Buches.

Alle Rechte vorbehalten
Copyright © 2022 by Kein & Aber AG Zürich – Berlin
Cover: Maurice Ettlin
Satz: Dörlemann Satz, Lemförde
Druck und Bindung: CPI books GmbH, Leck
ISBN 978-3-0369-5870-5
Auch als eBook erhältlich
www.keinundaber.ch

INHALTSVERZEICHNIS

TANJA RAICH
VORWORT

Ständig reden wir vom Patriarchat. Was es zerstört hat und weiter verhindert. Wir rufen das Ende aus, immer wieder aufs Neue, doch wir stecken noch zutiefst mittendrin, auch wenn es bröckelt, auch wenn es wankt. Es ist höchste Zeit, sich mit Alternativen zu beschäftigen. Es ist höchste Zeit, über eine Welt zu sprechen, in der Frauen das Sagen haben!

Das Matriarchat wird meist als krasses Gegenteil zum Patriarchat herbeibeschworen: männermordende Amazonen, skrupellose Herrscherinnen, die Männer unterdrücken, im Prinzip ein Mittelalter mit vertauschten Rollen. Oder wir begeben uns in verklärende Utopien, denen zufolge die Lösung all unserer Probleme im Matriarchat läge: Wären Frauen endlich an der Macht, wäre alles anders, alles besser, befänden wir uns im »weiblichen Paradies«. Doch zwischen den Dystopien und Utopien wird oft vergessen, dass es Matriarchate bereits gibt, etwa im chinesischen Mosuo oder im mexikanischen Juchitán, und dass es selbst in der Tierwelt spannende Formen von Geschlechterrollen und des matriarchalen Lebens gibt. Was strukturell gesetzt scheint, was gesellschaftlich als »Normalität« gilt, ist keineswegs naturgemäß oder unveränderlich, wir können alles infrage stellen, die Spielregeln verändern, wir können die Gesellschaft neu arrangieren, wir müssen es nur tun.

Im Wort Matriarchat steckt genauso wie im Patriarchat das Wort archē, ein Wort aus dem Altgriechischen. Es bedeutet Herrschaft, ja, aber es bedeutet auch Anfang, Ursprung und Ursache. Vielleicht könnte es darum gehen, wenn wir über das Matriarchat sprechen: um den Anfang, um Ursachen, um unseren Ursprung, aber vor allem: um den Aufbruch und den Beginn von etwas Neuem.

»Utopien sind keine naiven Spinnereien. Ganz im Gegenteil. Utopien sind die hoffnungsvollen Vorstellungen, die uns in eine bessere, gerechtere Zukunft treiben«, schreibt Emilia Roig. Utopien können Wunschvorstellungen visualisieren, Dystopien unsere Angstvorstellungen realisieren. Beides findet sich in diesem Band, manche Texte gehen weiter, verweigern sich oder stellen Grundsätzliches infrage. Zwanzig Autor:innen haben sich auf diese Reise eingelassen, haben verschiedenste Blickwinkel eingenommen, um über ein mögliches Matriarchat und – damit einhergehend – über unsere Gesellschaft nachzudenken. Wie sehen real existierende matriarchale Gesellschaften aus? Wie ist der Stand der Matriarchatsforschung, und warum hat sich das Matriarchat nicht durchgesetzt? Wie sieht das ganz persönliche Matriarchat aus, wie soll es nicht aussehen, und: Welche anderen Gesellschaftsformen wären jenseits von binären Geschlechtsvorstellungen denkbar? Die Texte sind vielstimmig und aufrüttelnd in ihrer Suche und in ihren Antworten.

Ausgehend von theoretischen und wissenschaftlichen Auseinandersetzungen in den Texten von Mithu Sanyal, Barbara Rieger und Emilia Roig, führen uns Feridun Zaimoglu, Kübra Gümüşay und Mareike Fallwickl in Szenerien dystopisch-utopischer Auswüchse, mit Philipp Winkler zweigen wir ab zu den Superheld:innen, während Gertraud Klemm uns in die Tierwelt bringt, Simone Hirth sich mit dem Literaturkanon beschäftigt. Wir folgen Tonio Schachinger, Shida Bazyar und Sophia Süßmilch ins ganz persönliche Matriarchat, und schlussendlich bringt uns Linus Giese in sein Queertopia. Die Formen, die die Autor:innen gewählt haben, sind genauso divers wie die Themen, die sie umreißen: Ein Reigen aus Literaturkritiken ist genauso zu finden wie Briefe und Abrechnungsschriften, ein Dramolett und ein Comicstrip. Die Texte sind ratlos, zynisch, hoffnungsvoll, sie kehren um, sie überspitzen, überhöhen, sie dekonstruieren, aber sie zeigen in ihrer unglaublichen Bandbreite vor allem eines: Wir befinden uns gerade im Umbruch.

MITHU SANYAL
WELCHES MATRIARCHAT HÄTTEN SIE DENN GERN?

Vor einer Weile wurde ich von einem Magazin um einen Artikel mit dem Arbeitstitel »Frauen an die Macht! Liegt das Heil im Matriarchat?« gebeten. Das Problem war nur, je länger ich auf den Titel starrte, desto weniger fiel mir dazu ein. Denn in diesem Titel war keine Frage, sondern eine Sehnsucht versteckt. Kleines Logik-Abc: a.) Wäre die Welt ein besserer Ort, wenn Frauen an der Macht wären? b.) In Matriarchaten herrschen Frauen. Also ergibt c.) Wäre die Welt ein besserer Ort, wenn wir im Matriarchat lebten?

Dabei ist die Frage doch: Herrschen in Matriarchaten wirklich die Frauen?

Für Simone de Beauvoir war die Sache klar: »Die Gesellschaft war immer männlich beherrscht.« Damit verwarf sie die Matriarchatsutopien, die durch linke Theorien als Gegenentwurf zum Patriarchat geisterten. Jetzt wäre es natürlich hilfreich zu wissen, wovon wir sprechen, wenn wir von Matriarchaten sprechen, und – da wir gerade dabei sind – warum wir überhaupt davon sprechen.

Angefangen hatte alles mit einem Schweizer, dem Rechtshistoriker Johann Jakob Bachofen, der 1861 seinen Bestseller *Das Mutterrecht* veröffentlichte. Überraschenderweise verwandte Bachofen darin das Wort Matriarchat kein einziges Mal – es existierte noch gar nicht. Dafür tat er etwas, was bis zu diesem Zeitpunkt in der Altertumsforschung undenkbar gewesen war: Er erklärte, dass die Geschlechterrollen nicht immer so waren wie zu seiner Zeit. Die Menschheit habe vielmehr vier Phasen durchlaufen: zuerst den Hetärismus, in dem alle mit allen Sex hatten, weshalb die Abstammung über die Mütter lief, weil die Männer nicht wussten, welche Kinder von ihnen waren. Doch, so fährt Bachofen fort: »Durch des Mannes Missbrauch entwürdigt, fühlt das Weib die Sehnsucht nach einer gesicherten Stellung und einem reineren Dasein.« Aha?

Anyway, weiter im Text: Deshalb würde das Weib in der zweiten Phase der Menschheit als Amazone gegen den Mann kämpfen, was schließlich die dritte Phase einleitete, die Gynaikokratie oder Frauenherrschaft. Bachofen betrachtete das als eine Art Evolution der Gesellschaftsordnungen, an deren Zielpunkt er die Ablösung des weiblich-stofflichen Prinzips durch das männlich-geistige setzte und damit die Zivilisation. So erstrebenswert er diese vierte Phase auch fand, beschrieb er die Frauenherrschaft dennoch als die erfreulichere Zeit, weil er Frauen für die moralischeren Menschen hielt: mütterlich und nährend und mit einer instinktiven Religiosität.

Bachofens Abhandlung fand enorme Resonanz, am prominentesten in Friedrich Engels Buch *Der Ursprung der Familie, des Privateigentums und des Staates*, das dieser in nur zwei Monaten herunterschrieb und in dem er die Idee der Ursippe entwickelte, die in einer Art Urkommunismus lebte. »Kommunistischer Haushalt bedeutet aber Herrschaft der Weiber im Hause«, führte Engels in völliger Übereinstimmung mit der Geschlechterzuschreibung Frau/Haus und Mann/Öffentlichkeit aus. Und auch Engels kannte nur zwei klar voneinander getrennte, ja sich in gewisser Weise diametral gegenüberstehende Geschlechter. Der paradiesische Zustand der Weiberherrschaft hielt an, bis die Männer mit zunehmender Arbeitsproduktivität das Bedürfnis entwickelten, ihren Besitz an ihre leiblichen Kinder zu vererben, und begannen, die Fruchtbarkeit der Frauen durch die monogame Ehe zu kontrollieren. Ergo die Entstehung von Statusunterschieden, Klassen und schließlich Staaten.

Daran ist eine Menge bemerkenswert, nicht zuletzt, dass auch Engels fest an die höhere weibliche Moral, vor allem Sexualmoral glaubte. Während noch bis zur Mitte des 19. Jahrhunderts Frauen als das unmoralische Geschlecht galten, auf das alle Übel der Welt zurückgingen, angefangen mit der Vertreibung aus dem Paradies, gab es nun die Vorstellung eines matriarchalen Paradieses vor dem Sündenfall Patriarchat. Die Voraussetzung dafür war, dass in der späten Aufklärung, als sich die *reale* Stellung der Frauen ihrem Tiefpunkt näherte, ihnen stattdessen eine *ideelle* Position angeboten wurde: die der Hüterin der moralischen Flamme für den Mann, dessen brillanter Geist oder rohe Körperkraft ihn schon mal auf Abwege führen konnten.

Nun ist jede Forschung durchdrungen von den Ideologien und Vorstellungen ihrer jeweiligen Entstehungszeit, doch bei der Matriarchatsforschung ist das besonders eklatant, da es sich dabei um Vorstellungen von Geschlechter»identitäten« handelt. Der Begriff selbst wurde Ende des 19. Jahrhunderts als Gegenbegriff zum Patriarchat entwickelt. Patriarch ist ein hoher kirchlicher Amtstitel und setzt sich aus dem griechischen *patriā*, »Abstammung, Geschlecht« (vergleiche auch *patēr*, »Vater«) und *archē*, »Herrschaft« zusammen. Der Stammvater Israels (und des Islams) war der Patriarch Abraham, der seinen Bund mit Gott schloss und daraufhin dessen Offenbarung an die

Gemeinde weitergab. Somit konnte nicht einfach jeder in direkten Kontakt zu seinem Gott treten, sondern war auf einen Experten, einen Patriarchen angewiesen. Das Matriarchat als Spiegelbild dazu – mit Frauen in den religiösen und politischen Schlüsselpositionen – unterschied sich nur durch einen als irgendwie mütterlich imaginierten Herrschaftsstil.

Dass es das so nie gegeben hat, ist der einzige Punkt, an dem sich Matriarchatsforscher:innen und Gegner:innen einig sind. Danach wird es spannend. Es ist richtig, dass man ein steinzeitliches Matriarchat mit archäologischen Mitteln weder beweisen noch widerlegen kann – doch gilt das genauso für das Patriarchat. Die berühmten Funde, wie die Venus von Willendorf oder die Göttin auf dem Leopardenthron aus Çatalhöyük, belegen, dass Frauen definitiv eine wichtige Rolle in der symbolischen Ordnung gespielt haben – nur welche? Inzwischen haben wir genügend Skelette von Kriegerinnen, um zu belegen, dass zumindest die mythologischen Amazonen keineswegs mythologisch, sondern sehr real waren. Das einzig Mythische – sprich: frei Erfundene – an ihnen war, dass sie sich eine Brust abschnitten, um besser Bogenschießen zu können. Bogenschießen: ja. Aber beide Brüste da. Doch wir wissen nichts über ihre faktische Macht in den sozialen Verhältnissen, über die wir ebenfalls nahezu nichts wissen. Doch was heißt hier überhaupt Macht? Die bekannteste Definition stammt von Max Weber. Er bezeichnet sie als die »Chance, innerhalb einer sozialen Beziehung den eigenen Willen auch gegen Widerstreben durchzusetzen«. Indes müssen wir gar nicht bis in die Frühgeschichte zurückgehen, um Gesellschaften zu finden, die ein deutlich anderes Verständnis von Macht haben.

Die Minangkabau in Indonesien beispielsweise, die sich

selbst als Matriarchat bezeichnen (von niederländisch *matriarchaat*), sind stolz darauf, dass ihr ungeschriebenes Recht, das jahrtausendealte Adat, die erste wahre Demokratie der Welt darstellt. Mit einem kleinen Unterschied: Wo Demokratie die Herrschaft der Mehrheit ist, basiert das Adat auf der Konsensethik. Das bedeutet eine Menge Diskussionen, denn Entscheidungen werden nur getroffen, wenn alle damit einverstanden sind. Aber auch: Die Fähigkeit, überhaupt über Bedürfnisse und Ansichten zu verhandeln und dabei die Bedürfnisse aller – und nicht nur die der Mehrheit – zu berücksichtigen. Da die Minangkabau mit mehreren Millionen Menschen die größte nicht-patriarchale Gruppe der Welt sind, geschieht dies über ein ausgeklügeltes System von regionalen und nationalen Räten in einem unglaublich aufwendigen und keineswegs immer friedlichen Prozess. Jedoch wird das Ergebnis dieser Verhandlungen dann auch wirklich von jedem Mitglied der Minangkabau mitgetragen, weil sich darin der Wille aller spiegelt. Ähnliches beschreibt der Philosoph Kwasi Wiredu für seine Volksgruppe, die Dogon in Westafrika: »Die Mehrheit ist keine ausreichende Basis zur Entscheidungsfindung und darf nicht das alleinige Recht auf Repräsentation haben. Denn repräsentiert zu sein ist ein Grundrecht.« Wenn Werte wie Repräsentation – und damit einhergehend Respekt und Ausgleich – im Zentrum einer Gesellschaft stehen, und deren Verstoß geahndet wird, gestaltet sich das Zusammenleben tatsächlich ethischer, ohne dass ihre Mitglieder – Frauen, Männer und alle weiteren Geschlechter – bessere Menschen sein müssen.

Es geht nicht um das Umkehren von Hierarchien, sondern um das Infragestellen derselben. Auch viele indigene Gesellschaften zeichnen sich durch Augenhöhe aus – und zwar nicht nur in Bezug auf die Geschlechter, sondern auch über die Grenzen der Spezies hinaus. Die Patawatomi in Nordamerika und Kanada beispielsweise verweisen bereits in ihrer Sprache auf die Verwandtschaft aller Lebewesen und die damit einhergehende Verpflichtung, allem Belebten – inklusive Pflanzen, Bäumen, Bergen und Flüssen – mit Respekt zu begegnen. Nicht-patriarchale Gesellschaften gibt es zudem in den unterschiedlichsten Geschlechterkonstellationen. In manchen sind die sozialen Positionen gemischt, in anderen gibt es getrennte Aufgabenbereiche, wodurch sich die unterschiedlichen Gruppen – seien sie nach Geschlecht oder nach Alter getrennt – respektieren müssen, da sie aufeinander angewiesen sind. Dabei sind die Rollen nicht festgelegt. Bei den Mosuo in Südwestchina etwa sind Männer für Fischerei und Handel zuständig, während die Frauen Garten- und Ackerbau betreiben. In Juchitán in Mexiko ist es genau umgekehrt. Und dann gibt es noch Gesellschaften mit sogenannter Dyarchie, was bedeutet, dass Ämter von jeweils zwei Personen ausgefüllt werden, einer Frau und einem Mann, wie etwa bei den Irokesen. Warum Frauen in diesen Gesellschaften das soziale und politische Leben maßgeblich mitgestalten, liegt gemäß einer großen vergleichenden Studie des Professors für Politikwissenschaften Marc Howard Ross nicht zuletzt daran, dass sie ihre emotionalen Beziehungen zu Verwandten und Freund:innen ihr Leben lang aufrechterhalten. Was für eine unmittelbar einleuchtende politische Handlung: Wenn wir wollen, dass die Zukunft egalitärer wird, sollten wir unsere Freundschaften pflegen und gesellschaftlich unterschiedliche Formen von Liebe und Solidarität unterstützen und wertschätzen. Es geht nicht um eine Herrschaft der Frauen, sondern um das Abschaffen von Herrschaft, und dann … Genau das ist in einer patriarchalen Logik schwer denkbar. Die beste Antwort ist wahrscheinlich: Das Erkunden anderer Formen des Zusammenlebens und Arbeitens, des gemeinsamen Herstellens von Kultur und Kult.

Der Artikel »Frauen an die Macht!« wurde damals übrigens nicht gedruckt, weil ich die falsche Antwort auf die Frage »Liegt das Heil im Matriarchat?« gegeben hatte. Wenn ich eines daraus gelernt habe, dann das: Sogar Klischees ändern sich mit der Zeit. Frauen sind nicht die besseren oder moralischeren oder auch nur mütterlicheren Menschen, zum Glück nicht! Aber andere Gesellschaftsverhältnisse sind denkbar.

FERIDUN ZAIMOGLU
MUTTERLAND

Asnath,

du sollst wissen: Es ruft mich nicht die hungrige Hölle.
Gut bin ich in meinem neuen Land. Ich sah im Morgenglast der Sonne: Die Drossel fraß die Samen der Mistel.
Später ließ sie sie mit ihrem Mist auf die Bäume fallen.
Der Mist der Drossel zeugt die Mistel. Die Natur ist brutal
unsauber, das gefällt mir. Du sollst wissen: Man hält mich
nicht mit Gewalt hier fest. Du wirst meine Worte anzweifeln, denn wir wurden zu soliden Bürgern erzogen. Man
hat uns eingehämmert: Es gibt die eine Seite und die andere Seite, es gibt uns, und es gibt sie. Ich bin jetzt bei denen, als Mann. Männer werden nicht unter Knüppelschlägen zur Arbeit in den Bergstollen angetrieben. Die Toten
werden nicht in einer Zeltbahn weggetragen und auf einen
Mistschlitten geladen. Sie werden nicht am Straßenrand
verscharrt. Ich habe noch kein einziges Mal vor Sehnsucht
den Blick zum Himmel gehoben und aufgeseufzt. Man
lehrte uns: Ein überflüssiger Mensch muss erledigt werden,
das ist die Linie der Natur.

Abends ist es hier schön still, es dröhnen keine Hymnen aus öffentlichen Lautsprechern. Ich kann in meinem

Staubmantel auf einer Parkbank sitzen, ohne dass ich mich meiner Abgenutztheit schämen muss. In den Falten meines Mantels sammeln sich Flusen an. Man hält mich deshalb nicht für ein unsauberes Element. Ich weiß, dass die Offiziellen mein Verschwinden als feige Fahnenflucht bezeichnen. Sie lehren: Jeder Mann ist ein Kombattant. Ich aber wollte nicht die Fahne in den Wind recken. Hat man schon eine Belohnung für meine Ergreifung ausgesetzt? Ergriffe man mich, würde man mich martern und kastrieren. Ich gelte zu Recht als Überläufer. Ich bin zu den Frauen übergelaufen. Möchte ich wegen meiner heldischen Gesinnung gelobt werden? Es ist mir gleich, dass mich mein Volk hasst. Feinde überall, Feinde ringsum; daran glaubte ich als Kind. Ich nannte die Frauen jenseits der Grenze Pesthuren, das ist mir noch heute eine Peinlichkeit. Erinnerst du dich an die Sympathisantin des Mutterrechts? Man hat ihr die Hosenbeine abgeschnitten. Man hat sie barfuß durch die Gassen getrieben. Man hat sie nackt an den Schandpfahl gebunden. Sie wurde beglotzt und verhämt. Gegen alle Sympathisanten wollen die Kerlchen hart vorgehen. Hier messen die Frauen mir nicht einen Wert bei, weil ich ein treuer Gefolgsmann bin. Dort bei dir hat man zu gehorchen. Hier bei mir ist allein Dummheit unverzeihlich. Ich bin außerhalb der Geschichten der Kerlchen. Ich bin jetzt eine eigene Geschichte. Der Schutt ist unter dicker Asche begraben. Es stockt mir der Atem, wenn ich an all die Lügen denke, mit denen zu leben man eine Selbstverständlichkeit genannt hat. Dort drüben: fremdes Land und fremdes Leben. Hier hegt man keinen Hass auf einen Todfeind. Hier weiß aber die Frau: Die Menschen von großer Verkommenheit sind fast ausnahmslos Männer gewesen. Sie haben mit den Leichensäften ihrer Feinde die Felder gedüngt. Halte ich es für verwerflich, dass die Frauen in meinem neuen Land die Männer von der Führung ausschließen? Nein.

Heute bin ich erst auf den Stuhl, dann auf den Tisch gestiegen vor lauter Fröhlichkeit. Warum? Weil ich nicht ständig denken muss: Wen einweihen? Wem misstrauen? Ich muss vor keiner Frau die Augen niederschlagen. Ich stieg vom Tisch herunter, setzte mich hin und bekam einen Teller Berglinsen und einen schmalen Streifen Rindfleisch. Ich wurde wegen meines Anfalls von Herzverrücktheit nicht gerügt. In den Jahren vor meiner Flucht bekam ich oft Schläge – es hieß, ich würde meine Zeit mit Taschenspielereien vertun. Einmal habe ich heimlich auf eine Hausfassade die Worte »Tat zeugt Terror« gesprüht. Es war kein mörderischer Anschlag. Mörderisch sind die Parolen der Propagandisten. Sie fordern uns auf, dass man wittern solle den Feind, der in aller Stille rüste. Dass man ihm an die Kehle gehen solle, wenn man ihn aufspüre. Will ich ständig in rauflustiger Stimmung sein und die Muskeln spannen? Nein.

Oft erwache ich mit Staub im Haar nach einem traumlosen Schlaf. Meine Sachlichkeit erschüttert mich. Ich sehe manchmal fliegende Fäden in der Luft. Es gibt sie nicht wirklich, ich leide wohl an einer Sehstörung. Ich bin der unbestrumpfte Mestize im Land der vielen Wunder. Glaube bitte nicht, dass mich der Seelenjammer sticht. Ich bin keine verwischte Person. Wenn mir andere Männer begegnen, sind sie von einer leblosen Steifheit. Sie misstrauen mir. Es könnte ja sein, dass ich als Meldegänger der Kerlchenrepublik geschickt worden bin, um sie auszuhorchen. Ein Mann in der Nachbarschaft zerspringt fast vor Hass bei meinem Anblick. Er sieht dann aus, als würde er zu beiden Seiten durchplatzen. Das letzte Mal hat er mich mit einem einzigen Fausthieb niedergestreckt. Das Blut schoss mir in einem Schwall aus dem Mund. Hadassa (das ist nicht ihr wirklicher Name) schlug ihn zu Boden. Er wurde in Fesseln weggebracht. Er kam nach einigen Stunden zurück. Er träumt von meiner Vernichtung. Ich wurde zum Gespräch eingeladen. Vier Frauen saßen mir gegenüber. Sie erklärten, dass es schwierig sei, dem Schläger die Tollheit auszutreiben. Kannte ich den Grund für seinen Hass? Ich sagte: »Das ist ein defekter Mann. Man müsste ihn durch ein humanes Mittel beseitigen.« Sie haben mich getadelt, ich gelobte Besserung. Der Mann bekommt bei meinem Anblick eine saure Schnauze vor Ekel.

Asnath, ich bin gebeten worden, nicht allzu viele Geheimnisse preiszugeben. Bitte glaube den Kerlchen kein Wort. Sie lügen über die hiesigen Verhältnisse. Es ist nicht wahr, dass für Männer kleine Selbstmordzellen eingerichtet sind. Es ist nicht wahr, dass Frauen vor den Männern ausspeien, wenn sie sich auf offener Straße treffen. Es ist nicht wahr, dass man die Säuglinge einer geschlechtlichen Selektion unterwirft. Eine künstliche Zuchtwahl wird nicht vorgenommen. Die Buben lässt man am Leben. Man erlaubt ihnen aber nicht, dass sie sich in den Kinderspielen über die Mädchen erheben. Es stimmt nicht, dass die Mütter die Knaben wie minderes Material behandeln. Die Fotos der Knaben, die Mädchen beschimpft oder geschlagen haben, werden nicht in Schandschaukästen ausgestellt. Was geschieht mit Vergewaltigern? In meinen Augen sind sie Dreck. Man müsste ihnen zwischen den Schenkeln ein tiefes Loch schneiden. Auch für diese meine Worte gab es einen scharfen Tadel. Ich verstehe, dass ich nicht die Massen verhetzen darf. Es ist nicht erwünscht, dass ich wie ein Agitator kreische. Ich verrichte niedere Arbeiten, ich muss geduldig sein: Ich werde schon noch das Vertrauen der Frauen gewinnen. Mein Lehrer drüben sagte mir geradeheraus, dass er mich für ein ekles Geschöpf halte. Er sagte: »Gang, Haltung, Gebärde, alles spricht von einer niederen Daseinsart!«

Ich tue hier meine Pflicht in aller Stille. Eine Nachbarin hat mich, weil ich mich über Kleinigkeiten beklagte, einen wimmernden Männling genannt. Sie tut mir unrecht. Ich liebe mein neues Land mit dem Zwang meines Herzens. Man kann mich nicht mit Annehmlichkeiten bestechen. Ich will auch vergessen die Parole: Wir wollen mit dem Blut der Feinde das Eisen röten! Wer war lange Zeit mein Feind gewesen? Das Mutterland. Die Frauen dieses Landes. Natürlich dachte ich in den ersten Tagen nach meiner Ankunft: Es muss, was die Abläufe anbetrifft, schneller gehen, sodass es am Ende heißt: Geklärt! Ich bin nach den Wochen der Eingewöhnung klüger geworden. Ich fühle mich auch nicht länger wie ein Soldat, der seinen Posten verlassen hat. Ich muss nur dieses leidige Zucken überwinden, es muss verschwinden.

Im Esssaal des Heims hängt das Bild eines langbärtigen Heiligen, der rote Tränen vergießt. Im Hintergrund sieht man vertierte Kerle, ihr Jubel wird ihm wohl in den Ohren gellen. Ist der Lärm derart unerträglich, dass er aus den Augen blutet? Ich fragte Zeruja (das ist nicht ihr wirklicher Name), weshalb man das Bild nicht abhänge, der Heilige sei in einer Gebärde der demütigsten Bettelei eingefroren, das vertrage sich doch nicht mit den Grundsätzen des Mutterlandes. Zeruja blickte mich lange an, dann drehte sie sich um und ging weg. Muss das Mutterland denn nicht der Befehlsraum der Frauen sein? Was duldet man das Bildnis eines jammerseligen Eremiten? Erst nach einem radikalen Bildersturm zerstiebt der Spuk der Jahrtausende. Ich fürchte, man hat kein sonderliches Zutrauen zu mir. Zeruja verwehrt mir ein klärendes Gespräch. Ich will ihr sagen, ich habe mir die Worte zurechtgelegt, ich möchte ihr sagen: »Ich wünsche mir innig, dass es ein Ende habe mit der Heulerei des Heiligen, er soll seine Seele aushauchen, auf einem anderen Bild.« Ich habe das Bild eingehend studiert. Ich entdeckte angenagte Baumrinde in den Händen des Heiligen. Er ist ein Mann, dem man die Augen ausstechen müsste, doch Vergehen dieser Art kann ich mir nicht leisten. Das Erste zuerst, das Letzte zuletzt. Soll ich unter Tränen Gedichte aufsagen? Würde es helfen gegen den Verdruss? Zeruja hat mich von der Tür gewiesen. Ich suchte sie auf, um Zweifel an meiner geistigen Gesundheit zu zerstreuen. Ich will die Verkehrtheit verkehren, dann liegt alles an seinem Platz. Die bessere Welt ist Mutterland. Es ist eine Gemeinheit, dass man mir … dass die Frauen mir eine Entsetzenstat zutrauen. Zeruja verwehrte mir den Einlass. Sie muss es mir nicht erst auf die Tafel malen – ich verstehe, dass mein brennender Eifer missverstanden wird. Ich öffnete ihr gern mein Herz. Man muss die Ordnung leben, dass man frei werde. Bin ich ein böser Träumer?

Ich habe den Maler aufgespürt, er saß am Springbrunnen im Herzen der Stadt, und ich fragte ihn: »Sind Sie ein böser Träumer?« Er war ein bebender Schatten. Er war fieberndes Fleisch. Erschlafft und trüb. Ich ließ mich nicht abwimmeln, ich bat um seine Deutung des Bildes. Er sagte: »Von Ihnen werden keine Heldentaten erwartet. Begreifen Sie das doch endlich! Sie sind in der Kerlchenrepublik aufgewachsen. Das ist das Gegenteil von dem hier! Lassen Sie mich in Ruhe!« Ich ließ von ihm ab, denn wegen seiner Erregung waren Frauen auf uns aufmerksam geworden. Ich bin kein betäubter Mann. Ich bin kein Extremist am äußersten Rand. Ich bin nicht gemütsstumpf. Ich kehrte zum Esssaal zurück, setzte mich auf einen niedrigen Hocker und betrachtete den Heiligen mit einem sachlicheren Blick:

Der Schalkragen seines Fantasiekostüms war rot befleckt – rannen ihm aus den Augen zwei Strömchen Kirschwasser? Hetzte ihn der Pöbel, und bekümmerte ihn sein baldiger Tod? Ich entdeckte Brotkrümel in seinem Bart. Ich entdeckte die Vogelschwinge auf dem Kopf, sie stülpte sich über seine Stirn wie eine feste Kappe. Ich erschrak vor diesem sprießenden Unheil. Das konnte man doch im Mutterland nicht dulden. Man streute doch auch nicht Rostflocken oder Drosselmist über blütenweiße Tischdecken. Es täte den Frauen gut, wenn sie auf mich hörten, Asnath. Zur gegebenen Zeit bin ich für eine wichtige Aufgabe der gegebene Mann. Sie sollen meinen Kampfwert als hoch einschätzen. Es braucht einer ordentlichen planmäßigen Reinigung, und alles wird ohne Stockungen verlaufen.

Die kräftige Hadassa weigert sich nicht, mit mir zu sprechen, aber auch sie lehnt eine Abhängung des Bildes ab. Sie sagt, dass eine zu Propagandazwecken missbrauchte Kunst bei allen maßgeblichen Frauen Ekel errege; dass sie nicht an die Fabel der gerechten Gesellschaft glaubten und an Menschen, die allein mit Machtmitteln zu erziehen seien; dass man seine Mittelmäßigkeit nicht durch Anpassungsartistik ausgleichen könne. Sie meinte mich, natürlich. Sollten die Frauen in ihrem Land nicht das vorhandene Menschenmaterial bessern? Ich weiß: Man läutert drüben die widersetzlichen Männer mit Feuer. Man verbrennt ihre Hände im Kohleofen, sie schreien und schreien. Das verlange ich natürlich nicht. Aber der Heilige. Der Heilige beunruhigt mich, ich kann an fast nichts anderes denken.

Ich entdeckte, dass es sich bei den Kerlen im Hintergrund um Männer handelt, die jubeln. Sie jubeln, weil sie Schnecken auf einen Dom gespießt haben. Ein Mann hat sich eine zerrissene Kindertasche über den Kopf gestülpt, in ungefährer Nachahmung des Heiligen. Vielleicht steht der Feind im Land. Vielleicht sind die Frauen hier zu … weiblich. Sehen sie es denn nicht? Der Maler ist ein Agent: Er stiftet Zermürbung, er stiftet Schwermut, er stiftet Zersetzung. Der Friede hat dann einen bösen Klang, wenn verkappte Agenten der Kerlchenrepublik den Krieg propagieren. Ich bin doch nicht aus der Welt gefallen. Ich bin kein geübter Streitredner. Sonst könnte ich mich am Springbrunnen vor die Frauen und Männer stellen und mein Wissen mit ihnen teilen. Alles dunkel, kein Lichtschein. Zögern ist gefährlich. Ich drohe nicht, herzlos zu werden. Ich wünsche mir, dass sie mich nicht als bemalten Zinnsoldaten ansehen. Ich bin ein befähigter Tatmensch. Der Maler des Heiligenbildes ist ein büschelhaariger Kerl, er müsste sich öfter kämmen.

Saron (das ist nicht ihr wirklicher Name) hat mich aufgefordert, den morgendlichen Brauch der Frauen anzunehmen: Fülle die Schüssel, tauche das Gesicht bis zu den Schläfen hinein, lache einmal in das Wasser. Du kannst auch im Wasser lächeln, länger. Da ich mich keiner Widersetzlichkeit schuldig machen will, bin ich der Aufforderung gefolgt. Ich lachte ins Wasser hinein, dass es sprudelte. Ich verließ meine Kammer, ich trat ins Freie, und lachte die Männer an, die Mörtel vom Backstein schlugen, ich lachte sogar die guten Bürger mit dem zerschlissenen Hutrand an, ich lachte und lachte still, weil ich dachte: Nachgiebigkeit ist geboten, sonst muss ich mit den grässlichen Folgen leben. Auf diesem Gebiet kenne ich mich aus, ich verliere nicht den Kopf. Vor jeder Erkundigung versorge ich mich mit Mundvorrat. Ich bin einsichtig. An dem Tage also, an dem ich lachte und lachte, habe ich den Frauen gezeigt: Ich will gehorchen. Die große Berieselung durch den Feind zeigt bei mir keine Wirkung. Im Mutterland ist es verboten, Adelstitel zu führen. Die Frau spricht, wie auch die Ahnin gesprochen hat. In guten Verhältnissen argwöhnt der Maisch keine Unsauberkeit in fast jedem gesprochenen und geschriebenen Wort. Im Mutterland bemühen sich die Frauen um die dummen und bösen Männer. Wenn diese auf ihrer Blödheit oder Boshaftigkeit bestehen, werden sie entfernt. Es ist eine Lüge, dass sie durch Psychoterror zum Selbstmord getrieben werden. Das geschieht in der Kerlchenrepublik, das geschieht nicht im Mutterland. Wer mordet, verschwindet hinter Gittern. Wer durch Sturheit Schaden anrichtet, muss für den Gemeinnutz arbeiten.

Ich gelobte Besserung, Asnath, doch ich hielt mich nicht daran. Ich habe dem Heiligen die Augen ausgestochen, mit einem Pfriem, den ich dem Schuhmacher entwendet habe. Ich habe diese Tat kalten Sinnes begangen. Ich fühlte mich erlöst, ich ging zu Zeruja und gestand die Blendung des Kerlchens auf dem Bild. Ich sagte: »Ich bete für die Vernichtung der Feinde des Mutterlandes!« Ich wurde von Hadassa und Rahab (das ist nicht ihr wirklicher Name) festgenommen und fortgebracht. Ich höre seither Geflüster, ich höre ein schneidendes Gesumm, wie von Wespen nah an meinem Ohr. Habe ich mich wirklich ins Unrecht gesetzt? Werde ich mich bewähren müssen, bevor ich entlassen werde? Ich habe an manchen Abenden ein brennendes Verlangen nach … Gesellschaft. Rahab würde mich am liebsten mit Stiefeltritten zur Vernunft bringen, doch man lässt sie nicht. Ich sagte ihr: »Der Heilige, hören Sie, der Heilige war eine falsche Erscheinung, er war eine Fehlbildung. Die strenge Keuschheit, für die er insgeheim warb, kann doch nicht in Ihrem Sinne sein.« Der Geist ist in mir lebendig. Sie darf doch nicht meine Zerquetschung wünschen. Ich stehe unter Hausarrest, ich werde bewacht.

Heute Morgen bekam ich Besuch vom Maler. Wollte er sich an meinem Elend ergötzen? Nein. Er roch seltsamerweise nach Perückenpuder. Er sprach von »dem furchtbaren Vorkommnis«. Weshalb hatte ich sein Bild zerstört? Hatte mich der Blutfluss seiner Augen verstört? Das Büschel mit sechs Grashalmen, das mit dem siebten Halm umflochten war – hielt ich es für anstößig, dass der Heilige das Büschel mit der Sohle seiner linken Sandale zertrat? Ich sagte: »Ich hasse Rätsel. Die Welt ist erklärbar. Von dem Büschel weiß ich nichts.« War er gekommen, um mein krankes Gemüt zu heilen? Ich bin zum Dienen bestimmt, es müssen nur die Richtigen sein, denen ich diene. Der Maler ist eine Geburtsirrung. In diesem Land finde ich eine Umgebung, die einer reinen Seele entspricht. Ich werde keimen. Seine Betretenheit ob meines Jubelrufs war nicht auszuhalten, ich bat ihn zu gehen. Er nannte mich, bevor er die Kammer verließ, leise ein Hausschwein. Ich bin kein Tier, das man in seinem Gehege betrachtet. Von meinen Schreien angelockt, sperrte Hadassa die Tür auf. Sie bewachte mich bei reinem Marsch durch die Straßen. Blüht das Mutterland? Oder leben wir in einer Niedergangszeit? Auf meine Frage bekam ich keine Antwort, Asnath. Heiliger ohne Augen, Heiliger, in dessen Bart Läuse nisten, Heiliger, der Gebete herunterhaspelt: Bilder reiner wilder Träume. Kurz vor dem Aufwachen sah ich das Bild einer dreibusigen Frau, sie hatte zwei große Brüste, und einen Fettpfropf mit einer nässenden Warze. In reinem Kopf knackt ein loser Knorpel. Ich habe die Schmerztabletten abgelehnt. Ich verweigere das Essen, das Wasser trinke ich bedächtig in kleinen Schlucken, es kommt mir keine Verwünschung über die Lippen. Mein Gesicht ist eine Säuglingsfratze, rot und zerdrückt: Ich spiegele mich in glatten Oberflächen.

Zeruja erscheint ohne Ankündigung, in Gegenwart von zwei Frauen, die mich auf ein Wort von ihr zerfetzen könnten. Ich sage: »Ich bin immer schon ein gefügiger Mann gewesen.« Sie beschauen mich wie einen Handschmeichler, den man gelegentlich aus der Schublade holt. Ich sage: »Die lange Postenlosigkeit hat mich betrübt. Ich bin aber ein ehrlicher Mensch, der Schuhmacher hat seinen Pfriem zurückbekommen.« Sie muss mir nicht erst erzählen, dass ich mich wenig rühmlich benommen habe. Ich weiß von meiner Wächterin, dass bei dem schweren Sturm der Wind hundertdreiundneunzig Dächer abgedeckt hat. Ich könnte helfen. Man soll meinen Ausschluss aus dem Volke nicht für unabdingbar halten. Es dürstet mich nach Meistertaten. Ich glühe noch. Meine Bekenntnisse beeindrucken sie nicht, ich kann ihr nicht das Versprechen entlocken, dass ich bald freikomme. Ich schreie: »Kräftige, muskulöse, junge Frauen muss man malen! Versteht ihr das denn nicht?« Sie verlassen meine Kammer.

Das sind meine Tage, ich bin nicht ohne Zuversicht, Asnath. Oft sitze ich mit nassen Achseln auf meiner Pritsche, manchmal nur benutze ich den Waschlappen und mache mich sauber. Wozu auch? Ich werde nicht ermutigt, eine Bekanntschaft mit einer der verblühten Grazien zu schließen, die wegen schwerer Vergehen einsitzen. Ich rieche ihren Hass. Sie riechen meine Gier. Deshalb kann sich keine dieser Frauen mit mir vereinigen. Ich halte mich nicht für unentwurzelbar, das sollten sie erkennen. In meinen Träumen schwelgen meuchelnde Maschinen in Fantasien. Von Kummer bin ich fast vernichtet. Ich gäbe viel für einen heroischen Lebenslauf.

Es ist mir versichert worden, dass du diesen Brief bekommst. Ich büße. Ich sühne. Hoch lebe der entzündete Geist! Hoch lebe der versteckte Tod in den Obstgärten! Nieder mit meinen Träumen! Die Kerlchen unter meine Füße.

MARGIT SCHREINER
CLOWNFISCHE

Als Kind wäre ich gern ein Clownfisch gewesen. Obwohl
ich damals noch gar nicht wusste, dass der Clownfisch sein
Geschlecht ändern kann. Auch den Film *Findet Nemo* gab
es damals noch lange nicht. Aber die kitschige Kleinfami-
liengeschichte »Vater sucht verlorenen Sohn in den Wei-
ten des Pazifischen Ozeans« hätte mich als Siebenjährige
sowieso nicht interessiert. Mir reichte es völlig aus, dass
meine Mutter mich ständig in unserem Hinterhof suchte.
Woher ich den Clownfisch überhaupt kannte, weiß ich
nicht mehr. Vielleicht hatten sie einen Clownfisch in einem Aquarium des Linzer Zoos, oder, was ich am ehesten
annehme, ich hatte ihn in Meyers Lexikon, dessen zwei-
undzwanzig Bände zwischen dem siebten und dem zwölf-
ten Lebensjahr meine Lieblingslektüre waren, gesehen.
Man konnte dort auch alle Indianerstämme Nordameri-
kas finden. Und zwar handgezeichnet. In Farbe. Auch die
Tiefseefische, die wilden Stämme Sumatras und Borneos,
die Trachten der Eskimos, der Indonesier, der Kongolesen
und der Tiroler. Meyers Lexikon war ein Hammer, wenn-
gleich aus heutiger Sicht politisch inkorrekt.

Was mir am Clownfisch besonders gefiel, war seine

Farbe. Der Clownfisch ist leuchtend orange. Und Orange war damals meine absolute Lieblingsfarbe. Außerdem hat er drei weiße Streifen, wodurch er so würdevoll ausschaut wie unser Bundespräsident mit Schärpe. Dazu kommt natürlich der Name. Ein Clown ist an sich lustig. Obwohl andererseits kein Mensch einen echten Clown bei sich zu Hause haben möchte. Einen kleinen Clownfisch hingegen sehr wohl.

Ich wünschte mir also zu Weihnachten einen Clownfisch und eine Anemone. Der Clownfisch kann nämlich ohne seine Anemone gar nicht leben. Sie schützt ihn mit ihren giftigen Tentakeln vor allen Feinden, und er – dagegen resistent – säubert sie dafür, indem er ihre abgestorbenen Tentakel frisst. Mir kam das ungeheuer praktisch vor. Eine Anemone war wie ein bester Freund oder eine beste Freundin, auf den oder die man sich hundertprozentig verlassen kann. Ich hatte damals keinen besten Freund oder eine beste Freundin. Wahrscheinlich hatte ich das mit der Anemone und dem Clownfisch ebenfalls aus Meyers Lexikon erfahren. Aus der Schule jedenfalls nicht. Dort, so viel hatte ich längst festgestellt, lernte man nie etwas Interessantes. Alles Wichtige in meinem Leben habe ich mir – bis heute übrigens – selbst beigebracht. Nächtelang stellte ich mir vor, wie die Clownfische in ihrer Anemone herumtollten, sich manchmal zurückzogen, sodass kein Feind sie sehen konnte, und dann wieder nur mit dem schwarzen Knopfauge listig zwischen den Tentakeln herausschauten.

Meine Mutter war gegen die Anschaffung eines Clownfisches. So wie sie auch gegen die Anschaffung eines Hundes, einer Katze oder eines Meerschweinchens gewesen war. Vor Fischen grauste ihr noch dazu. Sie fand sie schleimig. »Und wer putzt das Aquarium?«, fragte sie mich. Aber nur rhetorisch. Meine Antwort wartete sie gar nicht ab, sondern gab sie sich selbst: »Ich«, sagte meine Mutter. Eine Zeit lang erwog ich, mir von den zwanzig Dollar meines Onkels Frank aus Amerika, die jährlich zu Weihnachten für mich eintrafen, heimlich einen Clownfisch, eine Anemone und ein kleines Aquarium zu kaufen. Aber ich hätte das Aquarium, die Anemone und den Clownfisch unter meinem Bett verstecken müssen, und da hätte der Clownfisch ja überhaupt nichts von der Welt gesehen.

Erst mit zehn oder elf Jahren erfuhr ich durch Zufall – wahrscheinlich anlässlich eines Besuches im Haus des Meeres in Wien, der mich auch wegen der Haie und der Piranhas nachhaltig beeindruckte –, dass der Clownfisch sein Geschlecht ändern kann. Die Chefin eines Clownfischclans, erfuhr ich außerdem, ist immer weiblich. Sie legt sich einen Harem an Männchen an, die sie ständig auf Trab halten muss. Das Interessante an der Geschlechtsverwandlungsfähigkeit des Clownfisches ist nämlich, dass sie nie unter Stress geschieht, da Stress das Hormon Cortisol ausschüttet, das die Geschlechtsverwandlung verhindert. Sind die Clownfischmännchen nur einmal einen Augenblick nicht unter Stress, verwandeln sie sich sofort in Weibchen. Die Chefin muss daher die Männchen ununterbrochen herumjagen, damit sie sich nicht in Weibchen verwandeln und ihr die Chefposition streitig machen. Stirbt eine Chefin, verwandelt sich der nächstgrößte Fisch in ein Weibchen. Sensationell. Ich erzählte die Geschichte gleich nach meiner Rückkehr aus Wien den anderen Kindern bei uns im Hinterhof in Linz. Alle waren begeistert, die Buben vielleicht weniger als die Mädchen. Wir spielten eine Zeit lang nachmittags, wenn wir aus der Schule kamen und uns im Hinterhof trafen, ausschließlich Clownfisch, wobei wir Mädchen die Buben durch die Gegend jagten. Der Nachteil war, dass es mit der Zeit ziemlich anstrengend wurde.

Und zwar sowohl für die Buben als auch für die Mädchen. Wir rasten herum, damit die Buben keine Mädchen werden konnten, und die Buben rasten herum, weil sie gar keine Mädchen werden wollten. Niemand hatte etwas von der dauernden Herumraserei, und wir ließen es mit der Zeit wieder. Irgendwann vergaß ich dann die Clownfische.

Das erste politische Referat, das ich in meinem Leben gehalten habe, war ein Referat über die Emanzipation der Frau. Ich hatte es nicht selbst geschrieben, sondern Wolfgang, ein Student der Rechtswissenschaften und Mitinitiator des »Aufgabenhilfsdienstes«. Seine Freundin Greta hatte es bereits an der Uni gehalten. Der Aufgabenhilfsdienst war eine Gruppe, die ein paar linke Studenten in der Absicht gegründet hatten, ihren politischen Nachwuchs unter den Linzer Schülern heranzuziehen.

Ausgerechnet in der linken Schülergruppe, als die Sprache auf die Geschlechterrollen und ihre Nachteile, vor allem für die Frauen, kam, fielen mir die Clownfische wieder ein. Ich erzählte von den Superweibchen, die ihren Harem herumhetzten. Auch hier stieß das Beispiel bei den männlichen Mitgliedern auf wenig Begeisterung. Wir konzentrierten uns in der Folge auf die gesellschaftlichen Bedingungen, die zu den Geschlechterrollen führen. Es war schnell klar, dass der Kapitalismus auf dem Patriarchat fußt. Und umgekehrt. Erst wenn wir uns vom Kapitalismus befreiten, könne sich die Rolle der Frau wirklich ändern.

Mein Freund Sigi aus der linken Schülergruppe fragte mich, ob ich ebenfalls Wolfgangs Referat zur Emanzipation der Frau in seiner Schule halten wolle. Sein Klassenvorstand sei liberal. Er hätte sicher nichts gegen ein Gastreferat von mir.

Es war im Grunde eine Mutprobe. Wer will schon als

Fünfzehnjährige in der historischen Hochblüte des Patriarchats vor einer Klasse pubertierender männlicher Schüler ein Referat ausgerechnet über die Emanzipation der Frau halten? Es war ja nicht davon auszugehen, dass jeder Schüler in Sigis Klasse so fortschrittlich war wie Sigi selbst.

Und genau so war es auch.

Es war ein regnerischer Nachmittag, als ich mit Wolfgangs Referat unter dem Arm in die Knabenschule Bindermichl III ging. Ich hatte in der Aufregung den Regenschirm vergessen und kam zwischen Spallerhof, wo unsere Wohnung lag, und Bindermichl, wo sich die Knabenschule befand, in einen Regenguss. Das Manuskript wurde total durchnässt, klebte schließlich zusammen und war unleserlich. Das war mir aber egal. Ich hatte den Vortrag so lange vor dem einzigen Ganzkörperspiegel unserer Wohnung im Schlafzimmer meiner Eltern während ihrer Wochenendspaziergänge geübt, dass ich ihn Wort für Wort auswendig kannte. Als ich pudelnass in der Knabenklasse eintraf, half mir Sigis Klassenvorstand aus dem Mantel, während die Knaben in der Klasse »Wei-ter aus-ziehn, wei-ter aus-ziehn!« skandierten. Typisch für die patriarchale Gesellschaftsform: Zuerst helfen sie dir wie einem Kleinkind aus dem Mantel, dann überschütten sie dich mit sexualisierten Verbalattacken. Es herrschte überhaupt größte Unruhe im Klassenraum. Ich war schließlich das erste Mädchen, das je einen Vortrag in der Knabenschule gehalten hatte, wenn nicht sogar das erste Mädchen, das überhaupt einen Klassenraum der Knabenschule betreten hatte. Der Klassenvorstand stellte mich vor, wobei er sich am Ende nicht verkneifen konnte zu sagen, dass er schon gespannt darauf sei, wie ich zu dem kleinen, aber wohl nicht zu leugnenden Unterschied zwischen Männern und Frauen stünde. Die Klasse johlte »zei-gen, zei-gen«. Dann setzte sich der

Klassenvorstand in die erste Reihe im Klassenzimmer, und ich begann mit dem Referat.

Wolfgangs Vortrag beruhte auf einem historischen Abriss der Klassengesellschaft. Beziehungsweise begann er schon vor der Klassengesellschaft mit den Völkern der Sammler und Jäger vor der Entstehung des Privateigentums. Der Regen hatte inzwischen nachgelassen, und die Sonne kam zwischen dichten Wolken hervor. Einzelne Strahlen fielen ins Klassenzimmer. Ich sprach von der Urgesellschaft, die sowohl eine eigentumslose als auch eine matriarchale Gesellschaft gewesen sei. Wer kein Eigentum besitzt, muss es auch nicht vererben. Alle haben genug für ihr Leben, Vorräte werden keine angelegt. Wenn die Quellen zur Ernährung und Bekleidung ausgeschöpft sind, zieht der Clan weiter. Weil es keine Erbfolge gibt, ist auch die Einehe überflüssig. Die Kinder werden von allen Clanmitgliedern gemeinsam erzogen, behütet, gefüttert. Wer der Vater ist, weiß man gar nicht so genau. Nur wer die Mutter ist, weiß man immer. »Super«, schrie einer aus Sigis Klasse, »Vielweiberei!« »Gruppensex!«, rief ein anderer. Wahrscheinlich war das der Grund, weshalb ich die Formen des Zusammenlebens in der Urgesellschaft neu erfand, indem ich mich vage an meinen alten Lieblingsfischen, den Clownfischen, orientierte. Ich behauptete, dass die Männer der ältesten Urgesellschaften ihre Identität selbst aussuchen konnten: Entweder sie nahmen eine weibliche Identität an, dann durften sie ihre Geschlechtspartner frei wählen und einen eigenen Clan bilden, oder sie nahmen die männliche Identität an, dann lebten sie in Männerhäusern, mussten darauf warten, von einer Frau ausgesucht zu werden, und ansonsten Tag und Nacht jagen und sammeln. Ich glaube, ich wollte, dass die Jungs einfach mal still wären. Ob das gelang, weiß ich nicht mehr. Ich weiß nur noch, dass sich die Sonne irgendwann gegen die Wolken vollkommen durchgesetzt hatte und das Klassenzimmer in helles Licht tauchte. Und ich weiß noch, dass Sigis schulterlange Locken golden in der Sonne leuchteten.

Später, in der linken Studentengruppe, diskutierten wir noch oft über repressionsfreien Sex. Die Frage beschäftigte uns, warum eigentlich Sex unter allen möglichen Triebbefriedigungen so starke Konnotationen auslöse. Ob man ihn in einer freien Gesellschaft nicht einfach genießen können müsste wie eine Portion Grammelknödel oder Kaiserschmarrn. Tabus wie Sex mit Tieren und Kindern oder Inzest wurden durchleuchtet. Irgendjemand aus der Studentengruppe meinte, bei Johann Jakob Bachofen, auf dem unter anderem Friedrich Engels *Ursprung der Familie* beruhte, gelesen zu haben – oder, wer weiß, vielleicht hat er es ja selbst erfunden –, dass es frühe Gesellschaften gegeben habe, in denen die Väter mit ihren Töchtern schliefen, schon allein aus dem Grund, weil sie ja gar nicht wussten, wer ihre eigenen Töchter waren.

Es war überhaupt eine wilde Zeit. Ich lebte als einzige Frau in einer Kommune, wie man damals die Wohngemeinschaften noch nannte. Alle traditionell weiblichen Tätigkeiten wurden in stundenlangen Diskussionen präzise aufgeteilt. Einmal Kloputzen war so viel wert wie zweimal kochen. Abwaschen war gleichberechtigt mit Abtrocknen plus Wegräumen. Im Gemeinschaftsraum hing der Putzplan. Im Notfall konnte man auch mit jemandem tauschen.

Mit der Zeit bildeten sich zwei Gruppen der Kritik bürgerlicher Lebensformen heraus: die politischen Gruppen und die Hippies. Während sich die politischen Gruppen mehr und mehr dem Klassenkampf zuwandten, praktizierten die Hippies weiter die freie Liebe. Ich wandte mich den politischen Gruppen zu, weil die Hippies meiner

Beobachtung nach ein striktes Guruprinzip entwickelten, das auf partriarchalen Grundvoraussetzungen fußte. Wer sich dem Guru verweigerte, galt als unfrei und verweigerte sich dem Guru deshalb nicht. Das fand ich unfrei. Außerdem mochte ich Gurus nicht und mag sie bis heute nicht. Sie kommen mir bis heute vor wie männliche Clownfische, die aber unter allen Umständen vermeiden wollen, ihr Geschlecht zu ändern, und es deshalb ununterbrochen beweisen müssen. Leider setzte sich auch in den politischen Gruppen mehr und mehr das patriarchale Prinzip durch. Fast alle Leitungsmitglieder fast aller politischen Gruppen waren männlich. Ich resignierte. Denn, wie Brecht richtig sagte, macht auch das Schreien gegen die Ungerechtigkeit mit der Zeit die Stimme heiser. Ich schonte meine Stimme, brach mein Studium ab und begann zu schreiben.

Zunächst schienen meine Aussichten auf ein ausgewogenes Verhältnis zwischen Mann und Frau gut. Ich lebte mit einem selbstständigen Kommunikationswissenschaftler in einer großen, billigen Altbauwohnung in Berlin zusammen. Wir teilten uns die Miete und die Lebenshaltungskosten. Ich hatte ein eigenes Arbeitszimmer, ganz wie Virginia Woolf es als Voraussetzung für die Selbstständigkeit der Frau gefordert hatte.

In meinem Alltag ging aber letztlich die Rechnung nicht auf: Da ich mit dem Schreiben wenig Geld verdiente, schlug der selbstständige Kommunikationswissenschaftler schließlich vor, erst einmal ein Jahr lang ausschließlich seine gerade sehr gut laufenden und sehr gut bezahlten Projekte zu betreiben, während ich mich hauptsächlich um den Haushalt kümmerte, dafür könnte ich umgekehrt ein Jahr lang ausschließlich schreiben, während er sich hauptsächlich um den Haushalt kümmern würde. Zum zweiten

Jahr kam es nicht. Wir bekamen ein Kind, was die Arbeitssituation vollkommen veränderte. Der selbstständige Kommunikationswissenschaftler schlug nun der Gerechtigkeit halber vor, dass jeder von uns sich halbtags um seinen Beruf und den anderen halben Tag um das Kind kümmern sollte. Ein an sich guter Vorschlag. Er selbst beanspruchte zum Arbeiten den Vormittag, da er ein Morgenmensch sei. Ich stimmte zu, da ich eher ein Nachtmensch bin. Leider! Der Nachteil war nämlich, dass wir nicht genau definiert hatten, wann so ein Vormittag endet und der Nachmittag beginnt. Der Vormittag endete nämlich für den selbstständigen Kommunikationswissenschaftler manchmal um ein Uhr, manchmal aber erst um halb drei Uhr. Als ich genaue Uhrzeiten festlegen wollte, wandte der selbstständige Kommunikationswissenschaftler ein, dass er, wenn er genaue Uhrzeiten einhalten müsste, gar nicht selbstständig, sondern bei bester Bezahlung zum Beispiel im Medienwesen angestellt sein könnte, was er aber eben nie gewollt habe. Das sah ich ein. Leider. Die Ungewissheit, wann genau sein Vormittag endete und wann genau mein Nachmittag begann, hinderte mich im Folgenden am Schreiben. Die schriftstellerische Arbeit erfordert eine gewisse vorbereitende Einstellung und Konzentration. Stellt man sich nun eineinhalb Stunden ein und konzentriert sich aufs Schreiben, kann der Zustand der Konzentration kippen, und man ist einfach übermotiviert, wenn es dann endlich so weit ist. Oft war ich ab ein Uhr dermaßen aufs Schreiben eingestellt, dass ich um halb drei vor Erschöpfung einschlief. Das heißt, vorher musste ich noch unser Kind für den Spielplatz ankleiden und mit allem ausstatten, was ein Kind auf dem Spielplatz braucht. »Richte sie mir her«, war der Satz, der mir dann meistens den Rest gab.

Kürzlich stieß ich im Internet auf das 2009 publizierte

Buch *Das Paradies ist weiblich*. Geschrieben von einem Mann. Ich beschloss, das Buch zu bestellen. Vorerst las ich auf *Spiegel Online* ein Interview mit Ricardo Coler, dem Autor des Buches. Coler hatte zwei Monate bei den Mosuo, einer kleinen matriarchalen Enklave am Lugu See im Süden Chinas, gelebt. Er geriet während des Interviews ins Schwärmen über eine der letzten matriarchalen Gesellschaften. Das Erbrecht liege bei den Frauen. Clanoberste seien Frauen, Nachfolgerinnen die Töchter. Die Kinder der Frauen blieben lebenslang im Clan der Mutter. Die Männer lebten ebenfalls im Clan ihrer Mütter und trugen alle Hüte. Die Frauen lebten mit ihren Kindern in einem großen Anwesen, in dem jede erwachsene Frau ihr eigenes Schlafzimmer habe. Das Schlafzimmer habe neben der Eingangstür einen Haken. Wenn ein Mann eine Frau über Nacht besuche und eingelassen werde, dann hänge er seinen Hut auf den Haken. Auf diese Weise sehe jeder andere Mann, dass die Frau bereits besetzt sei. Er bleibe stets nur in der Nacht, tagsüber lebe er im Clan seiner Mutter. Es gebe keine Gewalt bei den Mosuo. Konflikte werden ausdiskutiert. Die Frauen verwalteten die Gemeinschaft und das Geld. Die Männer bekämen Taschengeld und hätten nicht viel zu sagen. Ein wenig erinnerte mich sein Bericht an die matriarchale Gesellschaftsform, die ich damals in Sigis Klasse mit fünfzehn erfunden hatte.

Die Begeisterung Ricardo Colers, übrigens ein Argentinier aus einer Machogesellschaft, über die Lebensweise in dieser matriarchalen Gesellschaft – wenig Verantwortung und wenig Arbeit für die Männer, keine Ehe, keine Kinder, freie Liebe et cetera – war mir schließlich suspekt. Besonders begeisterte ihn, dass in der matriarchalen Gesellschaft der Mosuo jede Erinnerung an ein Patriarchat fehle, sodass die Frauen schließlich sogar ohne jeden Groll die

Männer bedienen würden. Ich beschloss, das Buch doch nicht zu bestellen.

Kurz nachdem ich das Interview gelesen hatte, besuchte mich ein junger Schriftstellerkollege mit Freundin und Kleinkind im Waldviertel. Der junge Kollege ist das, was man einen »neuen Vater« nennen könnte. Er nimmt seine Verantwortung ernst, trägt sein Baby herum, wenn es schreit, und schneidet so lange Gesichter, bis es wieder lacht. Jedenfalls erzählte ich dem Kollegen und seiner Freundin von den Mosuo. Sie lachten. Ja, sagten sie, sie wären ebenfalls bei den Mosuos gewesen, mit einem Touristenbus von Lijiang aus, wo sie mit dem Flugzeug aus Österreich angekommen seien. Schon auf der Fahrt zum Lugu See habe der Reiseleiter ununterbrochen von der sogenannten »Wanderehe« der Mosuos gesprochen, bei der die Frauen ihre Partner für jeweils eine Nacht aussuchten und wechselten, wenn sie ihnen nicht mehr gefielen. Sie hätten selbst gesehen, dass die Männer alle Hüte trugen. Sie hätten ein bisschen wie Cowboyhüte ausgesehen. Es sei überhaupt alles sehr touristisch gewesen. Die Frauen hätten sogar bei der Arbeit am Feld stets bunte Kleider und Ketten getragen, die jungen Mädchen hätten abends am Seeufer anmutige Tänze aufgeführt, und die Männer hätten an allen Ecken und Enden Cowboyhüte und Schmuck an die Touristen verkauft. Sie hätten überlegt, sagten der junge Schriftstellerkollege und seine Freundin, ob die chinesische Regierung die Mosuos nicht einfach erfunden hätte, um den Tourismus zu beleben.

Wieder nichts mit dem Traum der matriarchalen Gesellschaft. Immerhin scheint, Tourismusförderung oder nicht, diese Form des Zusammenlebens den Kindern jeden Scheidungsstress zu ersparen.

Manchmal, spätnachts, wenn ich nicht schlafen kann

und mich im Bett herumwälze, stelle ich mir vor, ich wäre ein Clownfisch, der, inmitten hin und her wogender rosaroter, gelber, violetter oder hellblauer Anemonen am Rande eines Riffs im Pazifischen Ozean, auf den die Sonne scheint und goldene Strahlen auf das Wasser wirft, schwimmt und seine Männchen vor sich herjagt.

BARBARA RIEGER
AUF DER SUCHE

Mein erstes Kind ist noch kein Jahr alt. Ich arbeite an einem Roman über patriarchale Gewalt. Dennoch oder gerade deswegen habe ich zugesagt, hier etwas zum Thema Matriarchat zu schreiben. Und zwar aus Sicht einer Wissenschaft, die sich »in vergleichender Perspektive mit der Vielfalt der Formen menschlichen Zusammenlebens an verschiedenen Orten und Zeiten beschäftigt«, nämlich der Kultur- und Sozialanthropologie, besser bekannt als Ethnologie oder Völkerkunde. Ich mache mich also auf die Suche, was sie zu diesem Thema zu sagen hat.

DIE ROLLE VON VERWANDTSCHAFT

Ich erinnere mich noch gut an eine einführende Vorlesung mit dem Titel »Kinship Studies«, in der es also um Verwandtschaft, ein langjähriges Kernthema der Ethnologie, ging. Als junge Studentin freute es mich sehr zu hören, dass woanders alles anders sein konnte – beispielsweise gibt es Gesellschaften, in denen es normal ist, dass der Bruder der Mutter eine wichtigere Rolle für die Kinder einnimmt als der Vater. Für diese Familienkonstellation, in der auch ich aufgewachsen war, gab es sogar einen Namen: *Avunkulat*. Begeistert zeichnete ich Kreise und Dreiecke von der Tafel ab und verband diese miteinander. Verwandtschaftsdiagramme sollen Ethnolog:innen dabei helfen, die komplexen Verwandtschaftsverhältnisse in den von ihnen untersuchten Gruppen zu veranschaulichen und zu verstehen. Das Skriptum zu dieser und zu anderen Vorlesungen habe ich wohl beim letzten Umzug aussortiert, die Fachbücher haben allerdings nach wie vor ihren Platz in meinem Bücherregal. Ich gleiche meine Erinnerungen mit der *Introduction to Social and Cultural Anthropology* von T. H. Eriksen ab.

Verwandtschaft, so lese ich, spielt bei nicht-industrialisierten Gesellschaften eine wesentliche Rolle für die gesellschaftliche Organisation, verwandtschaftliche Beziehungen bestimmen und regeln das Zusammenleben und den Zugang zu Ressourcen, wobei Ethnolog:innen folgende Systeme unterscheiden: In einem *patrilinaren* System werden die Zugehörigkeit und Ressourcen jeweils vom Vater an seine Kinder weitergegeben, in einem *matrilinearen* System von der Mutter. Wenn einige Ressourcen über die väterliche Linie, andere über die mütterliche Linie weitergegeben werden, die Linien aber getrennt voneinander bleiben, spricht man von *double*. In einem *kognatischen* oder *bilateralen* Verwandtschaftssystem können Ressourcen über beide Seiten weitergegeben werden. Auch ein *paralleles* (Männer geben ihren Söhnen und Frauen ihren Töchtern weiter) oder *überkreuzendes/alternierendes* (Männer geben den Töchtern weiter, Mütter den Söhnen) System ist theoretisch möglich, faktisch allerdings selten.

In den westlichen Gesellschaften herrscht in diesem Sinne ein kognatisches oder bilaterales Verwandtschaftssystem: Verwandte auf beiden Seiten werden prinzipiell als gleich wichtig erachtet. Die Ethnologie hat zahlreiche Beispiele parat, dass das auch ganz anders sein kann. Die Dogon etwa sind eine patrilinear organisierte Gruppe, die in dörflichen Einheiten im Osten von Mali vom Hirse-, Gemüse- und Früchteanbau leben. Sie sind in partilinearen *lineages* organisiert, die unter anderem den Zugang zu Landnutzungsrechten regeln. Nur Männer und deren Kinder gelten als Teil einer *lineage*. Die Ehefrauen/Mütter gehören zu einer anderen. Die Dogon sind außerdem virilokal, das heißt, Frauen ziehen bei der Heirat in den Haushalt des Mannes, wo sie Fremde sind und oft mit Gefahr assoziiert werden. Es könnte zu Interessenskonflikten zwischen *lineage* und Haushalt kommen. Ansonsten gelten patrilineare Systeme wie dieses allerdings als sehr stabil, weil eben alles über die patrilineare Abstammung geregelt ist.

Doch was ist mit matrilinearen Systemen?

Diese sind, so lese ich nach, nicht nur seltener, sondern auch komplizierter. Sie stellen nämlich keine einfache Umkehrung der Patrilinearität dar. Es gibt matrilineare Systeme, in denen Männer politische Ämter ausüben und die ökonomischen Ressourcen kontrollieren. Ein Beispiel dafür sind die Trobriander, die in *matrilineages* und *matriclans* organisiert sind. Kultur- und Sozialanthropolog:innen sind sie vor allem als die von Bronisław Malinowski untersuchten *Argonauten des westlichen Pazifik* (1922) ein Begriff und durch den von ihnen betriebenen *Kula* – einen großen, ritualisierten, nicht-kommerziellen Geschenkaustausch. Auch die Trobriander sind virilokal. Es gibt *male chiefs*, Männer erben von anderen Männern, und auch die von den Frauen eines Haushalts produzierten Yams werden von den Männern kontrolliert. Die Trobriander sind ein prominentes Beispiel dafür, dass Matrilinearität keineswegs mit Matriarchat gleichgesetzt werden kann.

Doch Matrilinearität kann sich durchaus positiv auf die Situation von Frauen auswirken. So schickt mir ein ehemaliger Studienkollege, dem ich von diesem Artikel erzählt habe, einen Link zu einer 2020 veröffentlichten ethnologischen Studie, die sich mit der ethnischen Gruppe der Mosuo in der chinesischen Provinz Yunnan auseinandersetzt. Bei den Mosuo gibt es matrilineare und patrilineare Gruppen, und ein Vergleich der beiden zeigte auf, dass der Gesundheitszustand von Frauen in den matrilinearen Gruppen besser war als in den patrilinearen. In den matrilinear organisierten Gruppen sind Frauen autonomer und üben Kontrolle über Ressourcen aus, indem sie zum Beispiel einem Haushalt vorstehen. Stärkere Handlungsmöglichkeiten und die Möglichkeit der gegenseitigen Unterstützung scheinen sich positiv auf die Gesundheit auszuwirken. Interessanterweise waren bei den Männern keine Unterschiede festzustellen, ob sie nun in patri- oder matrilinearen Gruppen leben.

Ein weiterer in der Kultur- und Sozialanthropologie gebräuchlicher Begriff ist *matrifocal,* auf Deutsch *matristisch.* Dieser wird für Haushalte verwendet, in denen der Vater aus irgendeinem Grund nicht stark integriert und die Ehe selbst nicht besonders fest ist. Ein Beispiel sind die Nayar in Südindien: Es gibt keine stabile Kernfamilie, die Ehe wird traditionell nach wenigen Tagen abgebrochen, und die Frau darf sexuelle Beziehungen zu anderen pflegen. Die Kinder gehören zu ihrer Matrilinie, und die Männer kümmern sich um die Kinder ihrer Schwestern. Dieses Konzept findet sich auch in vielen karibischen Gesellschaften. In westlichen Gesellschaften ist diese Haushaltsform ebenfalls verbreitet, wird aber weniger mit dem Begriff Matriarchat als mit dem Begriff *Alleinerzieherin* in Zusammenhang gebracht, wenn auch nicht immer ein Bruder der Mutter vorhanden ist, der die Rolle des sozialen Vaters einnimmt.

Während Begriffe wie *matrilinear, matrilokal* und *matristisch* bis heute gängige Begriffe der Kultur- und Sozialanthropologie sind, findet sich der Begriff Matriarchat eher in der Geschichte der Disziplin.

Dieses Skriptum habe ich noch. Ich denke daran, dass auch ich in das Haus meines Mannes gezogen bin, denke *virilokal* und fische das Skriptum aus dem Umzugskarton, der noch immer halb voll in meinem neuen Arbeitszimmer steht. Die Geschichte der Ethnologie ist so haarsträubend, dass ich mich gut an sie erinnere.

DIE ROLLE DES EVOLUTIONISMUS

Die Ethnologie war von ihren Anfängen bis in die zweite Hälfte des 20. Jahrhunderts vom Paradigma des Evolutionismus geprägt und tief mit Kolonialismus, Rassismus und Ethnozentrismus verstrickt. Der deutsche Rechtswissenschaftler und Rechtshistoriker Uwe Wesel bringt es in seinem Buch *Der Mythos vom Matriarchat* (1980) folgendermaßen auf den Punkt:

»Von Darwin war die Vorstellung in die Geschichtsschreibung gekommen, die Weltgeschichte sei durch kontinuierlichen Fortschritt gekennzeichnet, eine Folge von Stufen stetiger Vervollkommnung, ökonomisch, politisch, kulturell, auf deren höchster die Völker Europas angekommen wären. Die schriftlosen Gesellschaften der dritten Welt seien Wilde und Primitive, eine Art versteinerte Urgeschichte, minimaler und ursprünglicher Zustand des Menschen in hoher Irrationalität. Zwar galten sie als Ausgangspunkt der Entwicklung zur Vernunft bürgerlicher Ordnung, aber eben nur als Ausgangspunkt. Die Evolution zentrierte sich auf einen höchsten Endpunkt. Der hieß Europa. Das rechtfertigte dann auch, diese Entwicklung durch die Unterwerfung der Wilden zu beschleunigen.« Damals gingen nicht nur die Gründerväter [sic!] der Ethnologie, sondern auch die anderen Denker [sic!] davon aus, dass es eine bestimmte Stufe der Menschheitsentwicklung gegeben hatte, in der ein Matriarchat geherrscht hatte. Das bekannteste Werk ist *Das Mutterrecht* (1861) von Johann Jakob Bachofen, mit dem Untertitel: *Eine Untersuchung über die Gynäkokratie der alten Welt nach ihrer religiösen und rechtlichen Natur.* Dem Autor kann immerhin zugutegehalten werden, dass er als Erster nichtpatriarchalische Familien- und Kulturformen systematisch untersucht hat. Er beschäftigte sich dabei mit bekannten historischen Quellen wie Herodot und deren Aussagen zu Frauen sowie mit der Deutung von Mythen. Daraus zog er den Schluss eines systematischen Gesellschafts- beziehungsweise Familienmodells auf mutterrechtlicher Basis – von ihm Gynäkokratie genannt –, einer Herrschaft des weiblich-stofflichen Prinzips, welches in verschiedenen Entwicklungsstufen durch das männlich-geistige überwunden und abgelöst wird. Am Ende der Entwicklung steht also das Patriarchat.

Ein ähnliches Stufenmodell, das wir als Student:innen auswendig lernen mussten, entwickelte der englische Ethnologe John Ferguson McLennan in seinem Buch *Primitive Marriage* (1865) unabhängig von Bachofen. Als zentrales Werk der ethnologischen Forschung gilt allerdings *Ancient Society* (1877) von Lewis Henry Morgan, das die Thesen Bachofens zu belegen schien. Morgan verbrachte viele Jahre bei den nordamerikanischen Irokesen, untersuchte speziell ihre Verwandtschaftsbeziehungen und beschrieb als

Erster eine matrilineare Gesellschaft, die außerdem in Form von Stämmen *(lineages)* ohne Zentralinstanz organisiert war. Als überzeugter Evolutionist setzte Morgan die Gesellschaftsordnung der Irokesen mit einer ursprünglichen Kulturstufe der Menschheit gleich und beschrieb die stufenförmige Entwicklung der Menschheit von Wildheit über Barbarei in die Zivilisation und dabei auch die »evolutionäre« Entwicklung von Familienformen. Friedrich Engels' *Der Ursprung der Familie, des Privateigentums und des Staates* (1884) baut im Wesentlichen auf Morgan auf. Beide postulieren einen Urzustand, in dem ein Mutterrecht mit gleichberechtigter Promiskuität geherrscht hätte, aus dem sich dann über verschiedene Familienformen schließlich eine monogame Ehe entwickelt hätte. Während diese Modelle von marxistischen Denkern wie August Bebel oder später Ernest Borneman aufgegriffen wurden, fand in der Kultur- und Sozialanthropologie ein Paradigmenwechsel statt. Die Spuren evolutionistischen Denkens lassen sich meiner Meinung nach aber bis heute noch vielerorts ausmachen.

DIE ROLLE DES FEMINISMUS UND DIE FRAGE NACH DER WISSENSCHAFTLICHKEIT

Nach dem Evolutionismus war die Ethnologie vielleicht weniger ethnozentrisch, aber noch lange androzentrisch geprägt. Das heißt, es gab wie in anderen Wissenschaften (bis heute!) auch einen methodischen und theoretisch-ideologischen *bias*, sich auf Männer, deren Lebensbereiche und Verhältnisse zueinander zu konzentrieren. Die Einführungsvorlesung zur feministischen Genderforschung ließ in meinem Studienplan zum Glück nicht lange auf sich warten. Sie rückte einiges zurecht. Endlich bekam ich klar

49

und deutlich ausformuliert, was ich mich oft und was ich mich noch nie gefragt hatte. Die Unterscheidung zwischen Sex und Gender. Die Frage nach der universalen Unterdrückung der Frau. Die Dekonstruktion der Binarität. Die feministische Kritik an der Wissenschaft, am Fach, an all den Ethnologen, die bei ihren Forschungen vorwiegend mit Männern gesprochen hatten, die Forderungen nach Quellenkritik. Zum ersten Mal schrieb ich auf glattem Papier mit und unterstrich später mit Rot. Ich weiß genau, wie dieses Skriptum aussieht, ich möchte es durchblättern auf der Suche nach dem Matriarchat, aber ich finde es weder in meiner letzten Umzugskiste noch sonst irgendwo. Also schreibe ich E-Mails an meine ehemaligen Lehrenden und frage sie nach dem Matriarchat. Ich erhalte ausweichende, vorsichtige oder gar keine Antworten. Ich habe keinen Zugang mehr zu verschiedenen wissenschaftlichen *papers*, ich widme mich wieder den Büchern, ich nehme, was ich kriegen kann.

Kognatische Verwandtschaftsbeziehungen seien von männlichen Forschern beispielsweise oftmals als patrilineare fehlinterpretiert worden, lese ich. Laut Eleanore B. Leacock, eine der Wegbereiterinnen moderner ethnologischer Frauenforschungen, gilt es, die Stellung der Frauen in Produktions-, Distributions- und Konsumationsverhältnissen zu erfassen. In egalitären Jäger- und Sammler:innen- beziehungsweise Wildbeuter:innengesellschaften wie beispielsweise den von ihr untersuchten Montagnais-Naskapi verfügen Frauen über Autonomie, und es besteht keine Notwendigkeit, sich Männern unterzuordnen.

Im akademischen Feminismus wurde die Idee eines ursprünglichen Matriarchats eher abgelehnt. Wichtige Forscher:innen wie beispielsweise Sherry B. Ortner vertraten die These der universellen Unterdrückung der Frau, die früheren oder gegenwärtigen Matriarchaten entgegensteht. Forscher:innen, die Matriarchatstheorien vertreten (wie Marija Gimbutas oder Elaine Morgan), wird bis heute oft Unwissenschaftlichkeit vorgeworfen, so auch Heide Göttner-Abendroth.

Göttner-Abendroth bezeichnet sich selbst als die Begründerin der modernen Matriarchatsforschung mit wissenschaftstheoretischer Begründung und moderner Methodologie. Sie veröffentlichte zahlreiche Bücher und Artikel zu dem Thema, die einerseits stark kritisiert, anderseits häufig zitiert werden. Sie verwendet den Begriff Matriarchat im Sinne der Bedeutung von *archē* nicht als Herrschaft, sondern als Anfang. Während Patriarchat durchaus »Herrschaft der Väter« bedeutet, steht Matriarchat in ihrem Zugang für »am Anfang die Mütter« und für eine Gesellschaft, in der niemand, auch nicht die Männer, beherrscht werden muss. Anhand von ethnologisch orientierten Untersuchungen entwickelte sie eine Theorie des Matriarchats und definiert dieses auf ökonomischer, sozialer, politischer und auf weltanschaulich-religiöser Ebene. Sie beschreibt zahlreiche Stammesgesellschaften in Ostasien, Indonesien, Ozeanien, Amerika, Indien und Afrika, die ihrer Definition nach matriarchal sind. Merkmale eines Matriarchats – am Beispiel der Khasi in Ostindien – sind unter anderem:

- Ackerbaukultur mit Sippeneigentum
- Matrilineare und matrilokale Sippen
- Männer sind als Ehemänner und Väter Fremde im Sippenhaus
- Im Dorfrat sind Männer Vertreter der Sippenmütter und ihnen Rechenschaft schuldig
- Die Urahnin wird als Urmutter zur ersten Göttin

Göttner-Abendroth gründete 1986 die Internationale Akademie für Moderne Matriarchatsforschung und Matriarchale Spiritualität, die von der ehemaligen Mitstreiterin Martina Schäfer als sektenähnlich kritisiert wird. Schäfers 2001 erschienenes Buch *Die Wolfsfrau im Schafspelz* kritisiert die feministisch-esoterische Literatur zur Matriarchatsforschung als eine Sammlung unwissenschaftlicher rückwärtsgewandter Utopien. Vermutlich wäre hier ein Studium beziehungsweise eine teilnehmende Beobachtung an der Akademie angebracht, um sich eine Meinung bilden zu können.

Wissenschaftlich liest sich jedenfalls die Monografie *Juchitán. Stadt der Frauen* (1994), obwohl sie den Untertitel *Vom Leben im Matriarchat* trägt und sich auf Göttner-Abendroths Definition bezieht. Die Autorinnen betrieben Feldforschung in der mexikanischen Stadt Juchitán und untersuchten, wie »sich mitten in einer patriarchalen, vom ›machismo‹ geprägten Land eine dermaßen frauenzentrierte, subsistenzorientierte Gesellschaft erhalten kann«. Ein Ergebnis der breit angelegten Untersuchung ist die besondere Wertschätzung von Mutterschaft in Juchitán, wobei den Müttern und den Frauen das Ökonomische ihres Tuns niemals abgesprochen wird. Der lokale Markt wird von Frauen (Händlerinnen) dominiert, ebenso wie die zahlreichen Feste, die die lokale Wirtschaft in Schwung halten. In Juchitán gibt es zudem mehr als zwei gesellschaftlich anerkannte Geschlechter, *Muxe* zum Beispiel (Männer, die sich wie Frauen kleiden, einen Mann als Geliebten haben und in Frauendomänen arbeiten).

Ich erinnere mich, dass wir auf einer Mexiko-Reise 2006 einen Tagesausflug nach Juchitán gemacht haben und dass es dort tatsächlich vor allem Frauen waren, die auf der Straße zu sehen waren. Der Eindruck mag so subjektiv sein wie der, dass ich zurzeit überall Frauen und einige Männer mit Kinderwägen oder Tragehilfen mit kleinen Kindern sehe, und lässt selbstverständlich keine Rückschlüsse auf das Vorhandensein eines Matriarchats zu. Tatsache ist allerdings, dass in unserer Gesellschaft heute vermehrt Mütter mit den Kindern *zu Hause* bleiben, das heißt, ihre Arbeit(s-verhältnisse) länger als Männer unterbrechen und in finanzieller Abhängigkeit von ihren Partnern, sofern vorhanden, leben. Wie Mutterschaft innerhalb einer Gesellschaft gedacht und gelebt wird, ist meiner Meinung nach einer der Knackpunkte in Bezug auf ein etwaiges Matriarchat. Ein nicht idealisierender, aber interessierter Blick nach Juchitán könnte sich also durchaus lohnen.

ÜBERHERRSCHUNG ODER MYTHOS?

Bei meiner Recherche im Bibliothekskatalog der Universität Wien stoße ich immerhin auf eine Dissertation aus dem Jahr 1997: *Theorien zum Matriarchat und seiner Überherrschung,* die ich von Wien aufs Land transportierte, und lese, während meine eigene Mutter mit dem Kinderwagen spazieren geht. Darin postuliert Dagmar Wieselthaler-Buchta, dass die Degradierung des Matriarchats zu einem Mythos herrschaftsstiftende und herrschaftsstabilisierende Funktion hat. Sie erbringt eine Fülle von Belegen für historische und gegenwärtige matristische *(matrifocal)* Gesellschaftsordnungen und betont die Wichtigkeit interdisziplinärer Forschungen. Als Matriarchatsmerkmale hält sie fest:

- Matrilinearität
- sexuelle Freiheit/Selbstbestimmung der Frau
- Urkommunismus/Subsistenzwirtschaft

Nach diesen Kriterien sieht sie die Theorien über die Existenz matriarchaler Gesellschaften vor dem Patriarchat im gesamten subtropischen und gemäßigten Klimagürtel der Erde in der Zeit von 100000 v. Chr. und dem 4. Jahrhundert v. Chr. bestätigt. Sie unterscheidet dabei zwischen dem einfachen Matriarchat der Altsteinzeit und dem entwickelten Matriarchat der Jungsteinzeit. In der Wildbeuter:innenkultur der Altsteinzeit waren Frauen durch ihre Sammlerinnentätigkeit die Haupternährerinnen der Sippe (gegenüber Männern als Jägern) und wurden außerdem aufgrund der Gebärfähigkeit verehrt. Sie vertritt die These, dass Frauen – durch ihre Erfahrungen als Sammlerinnen – die Erfinderinnen der neolithischen Ackerbaukultur und anderer Errungenschaften waren, und in der Neusteinzeit im »entwickelten Matriarchat« als Oberhaupt der Sippengesellschaft mit Subsistenzwirtschaft galten. Wieselthaler-Buchta beschreibt außerdem den Prozess der Patriarchalisierung und kommt zu dem Schluss, dass die radikale Unterwerfung der Sexualität der Frau, ihre Degradierung und Diffamierung auf dem Geschlechtsneid des Mannes beruht, dass also die Sexualität zwischen den Geschlechtern steht und sich Geschlechterherrschaft an ihr aufrichtet.

So plausibel mir Letzteres erscheint, so gerechtfertigt ist der Einwand, dass archäologische Funde weder eine matriarchale noch eine patriarchale Gesellschaftsform tatsächlich beweisen können. Letztlich handelt es sich immer um Interpretation. Auch die sogenannten historischen Quellen erlauben unterschiedlichste Schlüsse.

Uwe Wesel kommt bei der Nachprüfung der von Bachofen verwendeten historischen Quellen beispielsweise zu dem Schluss, dass man keinesfalls von einem Matriarchat sprechen kann, wenn er auch einräumt, dass Frauen im historischen Ägypten, Kreta und Lykien gleichgestellt waren und es Matrilinearität und Matrilokalität gab. Warum also kein Matriarchat? Weil Männer nicht so unterdrückt waren, wie es die Frauen im Patriarchat sind, würde wohl Göttner-Abendroth antworten.

Obwohl es sich beim Matriarchat aus Wesels Sicht um einen Mythos handelt, führt er, was die Position von Frauen betrifft, ähnliche Punkte ins Feld wie Wieselthaler-Buchta. Die Position der Frau macht er einerseits an ihren sexuellen Freiheiten fest, andererseits an ihrer wirtschaftlichen Unabhängigkeit: »Die bessere Situation der Frauen in Waldgebieten hängt wohl zusammen mit ihrem Beitrag zur Nahrungsbeschaffung. Ihre Unabhängigkeit und ihr Einfluss sind umso größer, je wichtiger das Sammeln pflanzlicher Nahrung ist.« Auch er betont den einzigen natürlichen Unterschied zwischen den Geschlechtern, nämlich die Fähigkeit der Frauen, Kinder zu gebären. Diese führe zur Arbeitsteilung und im Weiteren zur Benachteiligung der Frauen, vor allem durch die Sesshaftwerdung. In ackerbauenden Gesellschaften gehe es im Unterschied zu Wildbeuter:innengesellschaften nämlich darum, möglichst viele Kinder zu haben. Der Schluss, zu dem Wesel 1980 kam, ist – wie besonders die Pandemie gezeigt hat – noch immer aktuell: »Die Lösung für die Zukunft jedenfalls ist die Aufhebung jeglicher Arbeitsteilung, nicht nur außen, in der Art der Berufe und ihrer Bezahlung, sondern auch im Innern der ökonomischen Einheit der Familie, im Haushalt und bei der Versorgung der Kinder.«

Ich kann diesen Artikel nur schreiben, weil auch mein Mann sich um unser Baby kümmert, weil er nicht nur einmal am Tag einen Spaziergang mit ihm macht, sondern weil er es füttert, wickelt, tröstet und mit ihm spielt, und weil er sich darüber hinaus um den Haushalt kümmert. Geteilte Elternschaft war ein Wunsch von uns beiden. Sein

Wunsch war es außerdem, dass unser Kind auf dem Land aufwächst. Vor einem Jahr bin ich seinem Wunsch gefolgt, habe meine Wohnung in Wien aufgegeben und bin in sein Haus gezogen. Vor dem Umzug habe ich aussortiert, auch die Kiste mit meinen Studienunterlagen, die zahlreichen wissenschaftlichen Artikel zu den Themen, die mich viele Jahre lang begleitet haben, die verschiedenen Skripte. Ich kann mir nicht vorstellen, dass ich meine Aufzeichnungen zum Thema Genderforschung aussortiert habe, aber tatsächlich bleiben sie verschwunden. Dafür schickt mir mein ehemaliger Studienkollege noch einen Link zu einem Talk des britischen Anthropologen Chris Knight vom Februar 2021: *Controversies Over Matriarchy*. Mit dem schlafenden Baby in der Trage höre ich ihn mir an, und nicke. Er scheint auch nicht viel mehr zu wissen als ich.

Die Kultur- und Sozialanthropologie stellt zahlreiche Analysekriterien und Beispiele zur gesellschaftlichen Position von Frauen zur Verfügung. Ob es in der Menschheitsgeschichte Phasen gab, in denen Matriarchate vorherrschten und warum diese durch patriarchale Strukturen abgelöst wurden, wird sich meiner Meinung nach nicht herausfinden lassen. Die Art und Weise, wie wir darüber nachdenken, welche Theorien wir darüber entwickeln, welche Theorien in der Wissenschaft und in der allgemeinen Meinung gerade vorherrschen, sagt aber etwas über uns und unsere gegenwärtige Gesellschaft aus. Mit dem Begriff Matriarchat gehen Mainstream-Ethnolog:innen heute eher vorsichtig um, was nicht verwundert, wenn man an seine Verwendung in den alten Stufenmodellen denkt. Vielleicht liegt es an den Literat:innen, vergangene, gegenwärtige und zukünftige Matriarchate auszuloten.

SHIDA BAZYAR
ROUTEN

Es sind lose wackelnde Strickleitern, die man uns zugeworfen, die wir glücklicherweise aufgefangen und benutzt
haben. Aber was wäre das für ein gigantisches, stabiles
Klettergerüst, wenn alle Strickleitern oben und unten zu-
sammengebunden wären, wenn alle Beteiligten weitere
Strickleitern stricken und weiter verbinden würden, nach
links, nach rechts, dann wäre es nicht mehr dem Zufall
überlassen, wen du triffst und wer sich kümmert, dann
würden alle hochklettern und die Hände nach unten und
seitwärts reichen, und die Strickleitern würden zu Stein
werden, sie würden sich selbst zementieren und weniger
wackeln und endlich die Zeiten für die überdauern, die
noch gar nicht geboren sind.

★

Ich denke an die Elefantenherde, die durch die Wüste
zieht, die Letzten ihrer Art, sie folgen der Matriarchin, die
die Route kennt, die das seit Jahrhunderten, seit Elefanten-
generationen angesammelte Wissen mit sich herumträgt,
die diese Kolosse anführt und den Weg vorgibt, und dann,

als ihre Herde endlich an den Ort kommt, den ihr die eigene Mutter einst gezeigt hatte, dann erst bemerkt sie, dass die Bäume zwar grün sind, die Ernte aber ausgefallen ist. Es liegt kein Futter auf dem Boden, es gibt hier nichts für sie, irgendetwas ist schiefgelaufen, und dabei war der Weg hierher so weit, die Anführerin muss eine neue Lösung finden. Und wenn sie keine findet, was dann. Ihr Wissen, dieses mehrgenerationale Elefantenwissen, diese Routen-Bibliothek in ihrem Kopf, würde verschwinden. Es gibt in der Wüste nur noch zwanzig ihrer Art, und wenn diese zwanzig nicht mehr leben, werden auch die anderen hundertfünfzig Elefanten nicht mehr leben.

*

Ich schalte den Fernseher aus und sitze in einem Klassenzimmer. Die Lehrerin, die vorne steht, wird von dreißig Schüler:innen angeschaut und leise bewertet. Wir kennen nichts anderes, als hier zu sitzen und uns heimlich mit dem zu beschäftigen, was uns eigentlich brennend interessiert, und das ist die Farbe ihrer Haare, die Kunstfertigkeit ihres Make-ups, die Beschaffenheit ihres Körpers. Wir sind grauenhafte Monster, aber wir sind still und stören nicht, vielleicht, weil wir unsere nervige Energie schon an den anderen Dumpfbacken verbraucht haben – der Physiklehrer hätte in der letzten Stunde fast geweint, stattdessen hat er das Klassenbuch auf den Tisch gebrettert und Sechsen verteilt. Danach hatten wir alle richtig gute Laune. Jetzt verschonen wir sie. Ich gehe in meinem Kopf ihre Outfits der vergangenen Tage durch, und Frau Burg gibt sich zwar Mühe, sie besteht mein Abchecken trotzdem nicht, sie ist einfach so viel älter als wir. Eigentlich nur knappe fünfzehn Jahre, aber für mich ist sie eine sehr, sehr alte Frau.

Neben mir sitzt N., sie schreibt mit, in Schönschrift und mit dem Füller, den ihr Vater ihr in der fünften Klasse geschenkt hat, zum Wechsel aufs Gymnasium. In meiner Familie ist man an dem Tag Pizza essen gegangen, und meine Oma hat mir einen Fünfzigmarkschein zugesteckt, in N.s Familie hat man ihr Gegenstände geschenkt, die zum normalen Repertoire einer Fünftklässlerin gehören sollten. Ich finde ja, N. wird von ihren Eltern permanent verarscht. N. behandelt den Füller wie ein Schmuckstück, und ich bin mir wirklich sicher, dass sie keine Gedanken an die Klamotten von Frau Burg verschwendet, sondern zuhört.

★

Erst später, in unserer Studi-WG, als N. und ich zusammenwohnten und unsere Abende mit Rum und Cola verschwendeten, als wir so jung waren, dass wir nicht nachts schon einen Kater bekamen, erzählte mir N., dass Frau Burg damals zu ihren Eltern nach Hause gekommen war. Dass sie im Wohnzimmer saß, Tee schlürfte und dabei erklärte, wie das läuft, mit Studentenkrediten und BAföG, Zulassungsvoraussetzungen und NCs. Und ich, wie ich besoffen am WG-Tisch hockte und mir eine Zigarette drehte und dachte, wie unlogisch, dass N. eine Frau Burg gebraucht hat, wo sie doch mich hatte, mich, ich hätte ihr doch auch was erklären können, oder nicht? Aber was hätte ich da schon erklären sollen, ich hatte ja auch keinen Plan von BAföG, ich hatte meine Eltern. Deswegen habe ich nur die Zigarette gedreht und so was gesagt wie: »Voll nett von der.« Und dann habe ich erzählt, von einer Sache, die mir vergleichbar vorkam, ich habe wirklich überhaupt keine Ahnung, ob das völlig unangebracht war, aber N. hörte zu, ich sagte:

»Ich sitze also so da, im Sprechzimmer, und Maria Zäfer kommt nicht nur zu spät, sie kommt zu spät und riecht nach Rauch, sie hat mich also warten lassen, um noch eine rauchen zu können.« (Maria Zäfer war neu an der Uni, und ich hatte alle ihre Romane gelesen, ich fand es falsch, jemanden so offensichtlich zu vergöttern, deswegen tat ich so, als wäre das mit dem Rauchen eine Frechheit, N. studierte ja Lehramt, N. durchschaute viel, aber nicht alles.) »Und dann hat Maria Zäfer meine Mappe da liegen, ich dachte erst, sie hat da ja doch nicht reingeschaut, aber dann hat sie jeden Text einzeln zusammengefasst, sie hat sogar eine Stelle genannt, über die sie gelacht hat, und dann hat sie gesagt, dass sie das total schön und witzig fand, und ich dachte, wie krass ist das denn bitte.« (In unseren Schreibwerkstätten mit den anderen Studis war man so darauf aus, alles ganz ernst zu besprechen, dass nie jemand zugab, dass ein Text lustig war. Das einzige Mal, dass alle der Meinung waren, ein Text sei lustig, war, als ein superintellektueller Typ in superintellektueller Sprache von einem surrealen animalischen Gemetzel geschrieben hat und alle davon sprachen, dass das endlich mal eine heitere Kapitalismuskritik sei.) »Auf jeden Fall sah Maria Zäfer aus, als läge da die Zukunft der Literatur vor ihr, und dann sagte sie: ›Aus dir könnte eine sehr gute Autorin werden. Ich könnte dir jetzt eine Eins geben, aber ich gebe dir eine Zwei, denn ich sehe da eine Art Bequemlichkeit. Du schreibst immer nur von dem, was du kennst. Du traust dich zu wenig.‹«

Und N. wusste dann wiederum nicht, was sie zu mir sagen sollte, und fragte, ob ich ihr eine Zigarette drehe, und wahrscheinlich fragten wir uns beide innerlich, was das mit BAföG zu tun hatte und ob es jetzt dreist war oder nicht, mir keine Eins zu geben. N. und ich sprachen dann einfach nie wieder über keine der beiden Geschichten.

An einem anderen Abend waren N. und ich so breit, dass wir uns Tierdokus ansahen, und das war das eine Mal, als ich panisch wurde, und ich bin mir bis heute sicher, dass es nicht am Kiffen lag, sondern daran, dass in diesen Tierdokus immer männliche Tiere mit männlichen Tieren kämpften und sie trotz des kuscheligen Fells das reine Grauen verkörperten. Ich begann zu zittern, dann schloss N. den Windows Media Player, mitten im Affenkampf. Sie suchte nach einem anderen Film, den sie illegal auf ihrer Festplatte hatte und den wir schon so oft geschaut hatten, dass niemand deswegen in Panik geraten würde. Ich konzentrierte mich auf ihre Ordner, durch die sie sich klickte, zurück, zurück, größerer Ordner, anderer Ordner, andere Filme, ohne Tiere, romantische Komödie und Doppelklick.

Dass zur gleichen Zeit Menschen in Schlauchbooten über das Mittelmeer navigiert wurden, ohne dass irgendjemand auf diesen Booten Ahnung vom Navigieren hatte, dass es um Geld oder um das Überleben ging, in schwierigen Momenten aber nur noch um das Überleben, das bekamen wir nicht mit.

★

Der Cursor bewegt sich über meinen Bildschirm, er ist ein lustiges, kleines Tier, das ich an meiner Leine führe und das immer freundlich mit dem Schwanz wedelt, er verliert die Geduld mit mir nicht, was ich beeindruckend finde, ich klicke mich durch den Ordner mit den Rechnungen, den Ordner mit den Finanzplänen, den Ordner mit den Deadlines und möchte explodieren, weil zwar alles einer Ordnung folgt und trotzdem nichts in Ordnung ist, weil meine Ordner voller Texte sind, diese Texte aber nicht zu höheren Zahlen in den anderen Ordnern führen, und ehrlich

gesagt wäre das alles nicht so schlimm, aber jetzt habe ich
eine Familie zu ernähren, und während ich mich durch-
klicke, frage ich mich, ob ich Maria Zäfer damals einfach
hätte misstrauen sollen, ob ich nicht mehr Geld verdienen
würde mit dem, was ich nun einmal kannte, warum genau
ich mich mit einer Zwei eigentlich nicht zufriedengeben
wollte, wo eine Zwei und hohe Verkaufszahlen besser waren als eine Eins und ein leeres Konto, und Maria Zäfer
habe ich außerdem seit meinem Abschluss und den Jahren
danach nie wieder gesehen. Und auch keinen ihrer Romane mehr gelesen. Zur gleichen Zeit steht N. vor einer
Klasse und einigen Erwachsenen und schwitzt nicht in ihrem Blazer, als sie die durchchoreografierte Stunde hält,
den Eintritt in ihr Lehrerinnendasein, sie schwitzt nicht,
sie zittert nicht, sie wird von Schüler:innen angeschaut und
gemocht, ganz ohne Knoppers, die sie hinterher als Dank
verschenken müsste, was sie aber natürlich trotzdem tut,
und sie weiß nicht, dass gerade in diesem Moment, den
sie natürlich mit Bravour bestehen wird, wie sie alles mit
Bravour besteht, dass in diesem Moment eine fremde Frau
in ein Taxi steigt, ein paar Kilometer weiter, und in den
Wehen liegt.

Und als sie im Krankenhaus ankommt, ist da die Hebamme.
»Sind Sie ganz allein?«, fragt sie. Die Frau nickt, die nächste
Wehe bahnt sich an, die Frau würde die Wörter kennen,
um zu erklären, dass ihr Mann zu Hause ist, bei den beiden
anderen Kindern, und sonst haben sie hier ja niemanden,
und überhaupt, was für eine romantische Vorstellung, mit
dem Mann an der Seite ein Kind zu gebären, was für eine
westliche, verkitschte Vorstellung, die Frau hat die Wörter nicht, um zu erklären, unter welchen Bedingungen sie
die letzten beiden Geburten durchlebt hat, das sind nicht

die Wörter, die man lernt, so beiläufig, beim Einkaufen oder im deutschen Fernsehprogramm, die nächste Wehe bahnt sich immer noch an, es ist das Anbahnen, das die Wehen so mächtig macht, nicht die Wehen selbst. Da sagt die Hebamme verständig, langsam, ihre eigene, anfangs gestellte Frage selbst beantwortend: »Ist okay. Wir brauchen niemanden. Wir brauchen nur Sie. Und mich. Kommen Sie rein.«

Und weil ich da sitze, mit dem Cursor, weil ich die Frau und ihre Geschichte nicht kenne, weil ich noch nicht weiß, wie N.s Examen verlaufen ist, und weil ich wütend bin, schiebe ich den Cursor auf mein Mailprogramm und schreibe eine Nachricht an Maria Zäfers alte Mailadresse.

»Liebe Maria. Sie erinnern sich vielleicht an mich. Sie haben mich im kreativen Schreiben unterrichtet. Sie haben uns erklärt, wie man seine Texte veröffentlicht, wo es sich lohnt, sich zu bewerben, und von wem wir uns fernhalten sollen. Danke dafür. Ich bin seit drei Jahren freie Autorin, aber ehrlich gesagt, Maria, es läuft nicht so gut, Sie hatten zwar recht, was den Betrieb angeht, aber ich glaube, Sie hatten unrecht, was meine Texte angeht. Ich glaube, Sie hätten gut daran getan, mich in Ruhe zu lassen, meine Texte waren in Ordnung, wie sie waren, ich wollte das nun mal so: Teenager, erste Liebe, Freundinnen, ich wollte über so was schreiben. Danke für Ihren Tipp, ich glaube, er hat mich meine Karriere gekostet, im Anhang: ein aktueller Text, finden Sie nicht auch, er ist das Letzte?«

★

Meine Tochter sitzt im Klassenzimmer. Das ist eigentlich das Einzige, was ich mit Bestimmtheit über sie weiß. In meiner Vorstellung davon, wie sie dort sitzt, ist natürlich alles anders als bei mir damals. Sie hält sich gerade, sie hört zu, sie scannt ihre Lehrerin nicht ab. Daran stimmt vermutlich nichts.

Ich sitze vor meinem Seminar. Meine Studierenden reden über Texte, die sie schüchtern vorstellen. Das Selbstbewusstsein meldet sich nur bei denen, um deren Text es gerade nicht geht. Sie reden alle mit extra tiefen Stimmen. Rauchen die alle zu viel, oder warum reden die so? Was sagt das über eine Generation, wenn alle, Männer wie Frauen wie alle, eine Oktave tiefer sprechen, als gut für sie wäre?

N. sitzt an ihrem überdimensionalen Schreibtisch. Ihr Büro riecht nach Holz, ihr Füller ist noch immer der aus der fünften Klasse. Sie kennt die Nummern der Ausländerbehörden und des Schulamtes auswendig, sie weiß, wen sie wo wann erreicht. Sie spricht schnell, nicht mit tiefer Stimme, andere Generation eben, sie spricht nett und deutlich. Sie weiß, mit wem sie wie sprechen muss. Die Frau, die ihr gegenübersitzt, rutscht näher an ihr Kind, ohne ihren Stuhl zu verschieben. Sie sitzt schief, ihre Schulter berührt die dürre Schulter ihres Kindes, sie ist besorgt, sie schwitzt unter ihrem Kopftuch, das Kind schaut nach unten. N. legt den Hörer beiseite und schaut nach vorne, sie kann die Sprache der Frau nicht gut, aber ausreichend, sie redet mit der Frau anders als mit der Frau vom Schulamt, anders als mit der Frau von der Ausländerbehörde, sie redet klar und beschränkt sich auf das Nötigste. Die Frau nickt und atmet aus. N. schaut das Kind an, das dürre, mit den hellen Haaren und den müden Augen, sie redet und scherzt, das Kind versteht Deutsch, es ist hier geboren, auch wenn man sich fragt, wo dieses Hier ist, in dem das Kind steckt, es ist nicht nur von Schule zu Schule geschickt worden, sondern zuvor von Land zu Land, und nun ist es wieder hier, und wo ist dieses Hier noch mal. Das Kind lacht, wie Kinder eben lachen, fast alles ist lustig, was von netten Erwachsenen kommt. Erst, als N. aufsteht und die beiden an ihre Sekretärin verweist, erst dann ist die Erleichterung der Frau zu erkennen. Eine Erleichterung, aus der niemals eine richtige Erleichterung werden wird, sie hält nur kurz an, ist nur ein kurzes Weitermachen. Als N. den Raum verlässt, hört sie die Sprache, hört sie die simplen Worte der Frau, sie sagt es leise in den großen Raum hinein, in den Geruch von Holz und Stille und Ordnung hinein, sie sagt es resigniert, sie sagt es müde, sie sagt es zu niemandem als zu ihrem Kind: »Siehst du. Am Ende schickt Gott immer einen guten Menschen.« Und N., wie sie die Sekretärin nicht anguckt, beim Rausgehen.

★

»Weil es ein abgefucktes, verkommenes Scheißsystem ist«, sagt N. auf meinem Balkon. Meine Tochter schämt sich für uns. Sie geht in ihr Zimmer, wenn N. abends vorbeikommt. Sie findet zwei alte Frauen, die sich treffen, um zu trinken, überhaupt nicht beeindruckend. Sie findet sie peinlich. Ich finde N. auch manchmal peinlich, wenn sie schimpft. Nichts gegen ihre Wut. Ich denke nur, N. hätte früher auch wütend sein müssen, als sie noch der Teenager mit Füller war, nur hat sie das da nicht gewusst, und jetzt, wo sie Schulleiterin ist, hat sie das verstanden, aber die Wut steht ihr nicht. Trotzdem hat sie recht. Ein abgefucktes, verkommenes Scheißsystem. Ich schäme mich dann manchmal, von meinen Studierenden anzufangen.

Sie sind Wohlstandskinder, die denken, die Welt bräuchte ihre Texte. Sie verletzen einander manchmal, wenn sie so tun, als wäre das, was sie sagen, die Wahrheit und nicht das einschüchternde Kalkül eines Konkurrenten. In den Institutssitzungen führt eine von ihnen mit ernstem Gesicht Protokoll. Als ein Professor sie mal auf einen Fehler im letzten Protokoll hinwies, verlor sie kurzzeitig die Fassung und stotterte unkontrollierte Dinge. Ich fing an zu lachen, was niemand außer Maria Zäfer merkte. Sie schaute mich wütend an. Völlig zu Recht. Wie immer. Aber das wird N. nicht weiterhelfen, also sage ich stattdessen:

»Sagen wir, das Kind, das Kind der Frau aus dem Taxi oder das Kind der Frau aus deinem Direktorinnenbüro, oder vielleicht war auch beides die gleiche Frau oder das Kind einer völlig anderen Frau, sagen wir doch einfach mal, dieses Kind ist ein Mädchen und erwachsen, erwachsener als meine Tochter, und sagen wir, sie studiert und sie schreibt, sie schreibt, seit sie klein ist, sie ist auch schon klug, seit sie klein ist, sagen wir, sie besuchte deine Schule, weil du für sie gekämpft hast, und sagen wir, sie besucht dann meine Universität, weil sie dank dir ihr Abi hat, und dann sitzt sie in meinem Seminar, und manchmal kreuzen sich unsere Blicke, weil sie spürt, dass wir ähnlich denken, und sagen wir, diese Studentin wird dann die große Autorin, die ich nicht geworden bin, die sie aber ohne mich nicht geworden wäre, so wie ich ohne Maria Zäfer keine Lehrende mit Doktortitel geworden wäre und du ohne Frau Burg keine Lehrerin. Sagen wir, das wäre so, sagen wir das doch einfach mal, wäre das sehr kitschig?« Und N. guckt mich nur an, weiß noch nicht, wo das hinführen soll, weiß nicht mehr, woher die Geschichte mit dem Taxi stammt, wie auch, und ich mache weiter, ich bin noch nicht fertig, ich sage: »Wäre das sehr kitschig, sich vorzustellen, wie sie ein Kind bekommt und dabei an ihre eigene Mutter, allein im Taxi denkt? Sie ist die Generation mit der tiefen Stimme, sie bekommt ihr Kind nicht in der Klinik, sondern im heimeligen Geburtshaus, einem Ort, der von einer Gruppe Frauen geleitet wird, sie hockt in der Wanne, sie veratmet die Wehen mit Tönen, nicht mit Schreien, die Hebammen erscheinen ihr wie die lebendigsten Menschen auf der Welt, sie spielt mit dem Gedanken, selbst Hebamme zu werden, wenn sie nicht ausgerechnet einen anderen, extrem gut laufenden Beruf hätte, außerdem liegt sie in den Wehen. ›Jede Wehe eine Welle, die dich deinem Kind näher bringt‹, sagt die Hebamme, und die Frau weiß, dass niemand ihrer Mutter das erklärt hatte, und sie widmet die nächste Wehe ihrer Mutter, und wäre das sehr kitschig, wenn sie anfängt, jede Wehe einer anderen Frau zu widmen, und irgendwann landet sie bei den Frauen, die ihr die Leitern zugeworfen haben, wäre das wirklich so kitschig, N.?«

N. lacht laut über den Hof, was nicht schlimm ist, denn ich wohne seit zwanzig Jahren in dieser Wohnung, und niemand würde sich trauen, sich bei mir wegen Lärmbelästigung zu beschweren. N. findet alles, was ich sage, kitschig und außerdem unrealistisch und versteht es nicht einmal: »Wie, bitte, widmet man denn seine Wehen?« Und sie gießt mir Wein ein, und wir streiten laut, bis meine Tochter ihr Zimmerfenster schließt, und dann fange ich an und erzähle N. von meinem jüngsten Erlebnis mit Tierdokus, diesmal clean und ohne Machos. Und dann erzähle ich von den Elefanten.

KÜBRA GÜMÜŞAY
DIE FRAU AUF DEM THRON

As soon as we learn words
we find ourselves
outside them.
– Sheila Rowbotham, 1972

DER ERSTE TAG

Das weiße, blanke Papier liegt ruhig auf der Walze der Schreibmaschine und wartet auf die harten Anschläge der Tastatur. Seit Stunden. Aber ihre Finger weigern sich.

Wie soll ich auch nur einen Gedanken niederschreiben, wenn er am Ende neben jenen stehen wird, die mir die Luft zum Atmen nehmen? Auf der hauchdünnen Seite eines Magazins, zerdrückt und unterdrückt von der Masse der Gedanken des Patriarchats?

Das Papier bleibt unbeschrieben.

»Ach Liebste, du hast keine Schreibblockade«, sagt Maya, die rauchend auf dem Bett neben der Frau liegt. »Du kannst bloß diesen schmierigen Redakteur nicht ausstehen.«

»Na, wenn du *damit* anfängst. Ich kann nicht nur ihn, sondern das ganze Magazin, all diese Leute, die diesen Blödsinn schreiben und lesen, nicht ausstehen. Diese Gesellschaft. Diese Gesetze. Ja, sogar diese Sprache nicht. Alles blockiert mich. Alles blockiert *uns*. Alles.«

»Verstehe ich. Aber irgendwo müssen wir anfangen. Schritt für Schritt.«

»Ich kann das nicht, Maya. Das ist mir alles zu klein. Dafür habe ich keine Geduld.«

»Und was schlägst du vor? Aufgeben?«

»Natürlich nicht. Niemals.«

»Also?«

»Ein neues Magazin. Eine neue Gesellschaft. Eine neue Sprache.«

»Hm. Einfach nur ›neu‹?«

»Ja, besser und gerechter natürlich.«

»Und … wie soll sie aussehen, die gerechtere Gesellschaft und Sprache?«

»Das wirst du dann sehen.«

Maya seufzt. Wie immer, wenn es konkreter werden soll, blockiert die Frau. Vereinsamt in ihrem Widerstand. Schlägt um sich. Lässt nicht einmal Maya an ihren Gedanken teilhaben. Versperrt sich gegen alles, was von ihr kommt. Jede Hilfe, jede Mitwirkung, jede Frage, jedes Widerwort, jede Kritik. Dann rutscht Maya nuschelnd dieser Satz heraus:

»Du könntest auch einmal ›Ich weiß nicht‹ sagen.«

»Wie bitte?«

Stille.

»Wie bitte?«

»Nichts.«

»Doch, doch. Sag schon.«

»Entschuldige bitte. Vergiss es einfach.«

»Ach, Maya. Und du könntest *einmal* zu deinem Wort stehen.«

»Liebes, es tut mir wirklich leid. Das war blöd von mir. Bitte lass uns jetzt nicht deshalb streiten.«

»Du findest also, dass ich keine Ahnung habe?«

»Nein, das habe ich nicht gesagt.«

»Aber gemeint. *Typisch. Feministinnen sind nörgelnde Männerhasserinnen. Haben keine Ahnung von der Welt, aber meckern herum.*«

»Jetzt wirst du fies. Schau mal, ich finde doch bloß: Wir müssen nicht alles wissen. *Du* musst nicht alles wissen. Gib die Fragen doch zurück. Mit Demut. Lass mich teilhaben.«

»Weißt du, Maya. Ich glaube, *du* bist zu klein für mich.«

»Was soll das jetzt heißen?«

»Du hast mich schon verstanden.«

»Liebes, ich verstehe wirklich nicht, warum das jetzt so eskaliert. Ich meine es doch nur gut. Du weißt doch, wie sehr ich an dich glaube.«

»Na gut, Maya, ich mache es genauso, wie du es dir wünschst. Ich sage es laut und deutlich: *Nein, ich weiß es nicht. Ich weiß nicht, ob du an mich glaubst.* Zufrieden?«

Damit stürmt die Frau wütend aus dem Zimmer. Und Maya hört nur noch die Wohnungstür zuschlagen.

DER DRITTE TAG

Das Blatt ist leer. *Was soll ich schreiben, wenn mich nicht einmal meine Nächsten verstehen?*

DER VIERTE TAG

Das Blatt ist leer. Kein Wort. *War je ein Wort meines? Wird je ein Wort meines sein? Kann ein Wort überhaupt mir gehören? Was soll ich in diesen fremden Wörtern, Sätzen und Kleidern?*

DER FÜNFTE TAG

Das Blatt ist immer noch leer. *Es ist kein Platz für mich in dieser Sprache. Kein Platz für mich auf dieser Welt.* Die Frau blickt sich in ihrem Arbeitszimmer um. *Alles ist zu klein. Alles muss anders werden. Weil es anders gehen muss.* Das Geglotze der Menschen ist ihr unerträglich. Das Getuschel, Gemurmel, das Unausgesprochene, die hochgezogenen Augenbrauen. Die Stimmen in ihrem Kopf. Die Stimmen außerhalb ihres Kopfs. Die übergriffigen Hände auf ihrem Körper. Der Druck, der sich an ihrem Dasein, ihrem Sosein, ihrer Liebe entlädt. Die Gesellschaft, ihre Normen und Regeln, ihre Sprache. Nichts davon ist für die Frau gemacht. Alles raubt ihr die Luft zum Atmen.

Ich ersticke, denkt die Frau.

Und schnappt nach Luft. Kein Sauerstoff. Kein Raum. Ihr Brustkorb fühlt sich an, als würde ihn eine Horde Zigarren rauchender Anzugträger zerdrücken, erdrücken.

Schnapp, schnapp. Die Frau röchelt.

Atmen. Nicht genug. Nicht. Genug.

Ohnmächtig fällt die Frau um. Fällt tief. Wird zertrampelt von den Anzugträgern. Verbrennt sich an der Zigarrenglut, die auf ihre Haut niedersinkt. Die Frau fällt hinein in einen Traum. Von einer gemeinsamen Sprache. *»No one lives in this room«*, schrieb Adrienne Rich einst, *»without confronting the whiteness of the wall/behind the poems, planks of books,/photographs of dead heroines./Without contemplating last and late/the true nature of poetry. The drive/to connect. The dream of a common language.«*

Als die Frau aufwacht, graut der Morgen. Die Zigarette ist auf dem Holzboden ihres Schreibzimmers ausgebrannt und hat einen schwarzen Fleck hinterlassen. Es ist:

DER SECHSTE TAG

Das Blatt ist leer. Maya ist da. Die Frau weint. Wandert zitternd mit ihren Fingern über ihren Körper, all die Stellen, die schmerzen. Flüstert, spricht, ruft, schreit:

»Ich kann hier nicht mehr sein. Ich kann so nicht sein. Ich will nicht mehr so tun, als würde das Anrennen gegen diese verdammten Mauern nicht schmerzen. Als würde die Glut auf meiner Haut nicht brennen. Als würde das Trampeln dieser Männer meine Knochen nicht brechen.«

Maya umarmt sie und fragt leise, zärtlich:

»Wohin willst du?«

Die Frau reißt sich aus der Umarmung und schüttelt den Kopf, als müsste sie Maya von sich, ihrem Kopf und Herzen schütteln.

»Egal, verdammt noch mal. Egal. Alles, *alles* ist besser. Alles besser als *das* hier!«

Maya sucht ihre Augen. Sucht den Zugang zu ihr. In

ihren Geist. *Verschlossen.* In ihr Herz. *Verschlossen.* Die Frau weicht aus, dreht sich um. Maya fragt leise:

»Nimmst du mich mit?«

Die Frau antwortet nicht. Die Frage hallt lange nach.

DER SIEBTE TAG

Die Frau ist wortlos verschwunden. Verschwunden aus Mayas Leben. Und hinterlässt eine klaffende Wunde.

DER 1095. TAG

Seit ein paar Jahren verfolgt Maya das Leben der Frau aus der Ferne. Die wiederum schreibt wie im Fluss, unaufhörlich, laut, viel. So blickt Maya auf die Welt durch die Augen der Frau, indem sie ihre vielen Texte liest, ihren fordernden Worten im Radio lauscht. Und manchmal blickt sie durch die Augen der anderen auf die Frau. Durch jene, die über die Frau schreiben. Über sie sprechen, herziehen und streiten.

Heute erreicht sie ein Brief von der Frau, und Mayas Herz droht ihr aus der Brust zu springen. Es ist der erste Brief seit ihrem Verschwinden. Sie liest ihn einmal. Zweimal. Dreimal. Und dann ein letztes Mal. Im gesamten Brief findet sich kein »du«, dafür viel »ich«. Als wäre er gar nicht für sie, sondern an die Frau selbst geschrieben. Keine Entschuldigung. Nur dieser Satz kommt einer Erklärung nah: »Ich lebe und kämpfe für die Gerechtigkeit. Alles andere ist ein verpasstes Leben.«

Du bist einsam, Liebste. Läufst. Und weißt noch immer nicht, wohin, denkt Maya. An diesem Tag hört sie auf, die Fernsehauftritte der Frau zu verfolgen, Radiosendungen mit ihrer Stimme zu hören und Texte aus ihrer Feder zu lesen. Maya hört auf, ihr flüsternd Fragen zu stellen. Zu hoffen, irgendwann mitgenommen zu werden. An einen Ort, den es nicht gibt. Reas Worte hallen in ihrem Kopf.

»Eine Utopie –
Entwurf eines nicht realisierbaren Staates
als NIRGENDLAND
von Thomas Morus 1516
auf den Markt der Sprache geworfen
ein patriarchales Hirn-Produkt an und für sich
[…]
Die Frauenhand an den Schalthebeln
männlich konstruierter Zerstörungsmacht?:
[…] Eindeutung in philosophisches Männersprach-Debakel
zur Verleihung Mann-gestifteter Leistungs-Trophäen«

»Frauenhand an den Schalthebeln männlich konstruierter Zerstörungsmacht«, wiederholt Maya.

DER 1460. TAG

Die Frau läuft weg. Immer noch. Immer mit einem Blick über die Schulter. So läuft sie seit Jahren, nie ins Unbekannte, nie ins Neue. Sondern lediglich *entlang* des Bekannten. Das Bekannte stets in Sichtweite.

»Lauft weg!«, ruft die Frau dabei denen zu, die noch im Bekannten stehen und leben. So laut wie nie. Über die Jahre haben sich mehr und mehr Ohren und Augen auf sie gerichtet. Die Ohren und Augen jener, die zu ersticken drohen, zertrampelt werden, und solcher, die sich an ein Leben mit Schnappatmung gewöhnt hatten. Sie fragen: »Warum?«

Beim Laufen erzählt die Frau von der Gewalt des Bekannten. Von den Stimmen, den Händen, dem Druck der Gesellschaft, den Normen und Regeln, der Sprache, dem Ersticken, dem Getrampel und der Zigarrenglut.

Es bewegt sich was.

DER 2555. TAG

Die Frau läuft noch immer. Das Bekannte umkreisend. Jetzt aber schneller, fieberhafter und wütender.

»Lauft jetzt endlich weg!«, schreit die Frau dabei. Es haben sich ihr mehr Menschen angeschlossen als je zuvor.

Dieses Mal aber fragen sie nicht mehr: »Warum?«

Sie fragen: »Wohin?«

Die Frau wird langsamer.

Sie fragen: »Wohin?«

Immer langsamer.

Sie fragen: »Wohin?«

Und bleibt stehen.

Sie fragen: »Wohin?«

»So schlimm wie dort beim Bekannten kann es nirgends sein«, sagt sie.

»Du könntest auch einmal ›Ich weiß nicht‹ sagen«, hätte Maya jetzt kommentiert, denkt sie.

DER 4745. TAG

Die Frau läuft nun schon seit Jahren nicht mehr, geht nicht mehr, steht nicht mehr, sitzt nicht mehr. Sie thront.

Sie hatte gehofft, glücklich zu werden, wenn sie für Gerechtigkeit kämpfen und leben würde. Wenn sie auf Abstand zum Bekannten gehen würde. Sie hätte dafür die Häme und die Demütigungen in Kauf genommen. Doch die Wut staute sich in ihr an und suchte nach einem Ventil.

»Halte mich einfach aus«, bat sie seit Jahren jeden Menschen, der in ihr Leben trat. Das taten sie auch, anfangs aus Liebe und Bewunderung, später aus Mitleid, bis es nicht mehr ging. Weil das Aushalten ohne Ende kein Aushalten ist, sondern erdrückende Gewohnheit ohne Aussicht auf Veränderung. Ohne Hoffnung. An ihre Aggressionen, das Herablassende, die Wutausbrüche konnte sich niemand an ihrer Seite gewöhnen.

An diesem 4745. Tag saß die Frau einsam auf ihrem Thron. Die Wut tief in ihr brodelnd.

Auf ihrem Thron erzählt sie davon, warum das Bekannte verlassen werden muss. Perfektioniert und automatisiert spult sie Bekanntes über das Bekannte ab: die Stimmen, die Hände, der Druck, die Gesellschaft, die Normen und Regeln, die Sprache, das Ersticken, das Getrampel und die Zigarrenglut.

Und während sie Bekanntes über das Bekannte abspult, betrachtet sie die Ohren und Augen, die sich ihr über die letzten Jahre zugewandt haben. Die stummen Münder. Bis sich der Mund einer ihrer treuesten Gefolginnen öffnet.

Die Gefolgin fragt: »Wohin?«

Stille. In der Frau brodelt es.

Die Gefolgin fragt weiter: »Wohin soll es gehen? Was? Was wollen wir aufbauen? Wie? Wie wollen wir Gerechtigkeit leben?«

Bemüht darum, die Fassung nicht zu verlieren, erzählt die Frau von den Stimmen, den Händen, dem Druck, der

Gesellschaft, den Normen und Regeln, der Sprache, dem Ersticken, dem Getrampel und der Zigarrenglut.

»Ich verstehe. Aber *wohin* soll es gehen?«, fragt die Gefolgin erneut.

An diesem 4745. Tag bricht die Wut aus der Frau aus und entlädt sich an der Gefolgin.

»Du verstehst nicht. Nichts.« Maya schreit in ihrem Kopf: »*Du* verstehst nicht!«

Die Frau schreit. Beklagt. Die Stimmen, die Hände, den Druck, die Gesellschaft, die Normen und Regeln, die Sprache, das Ersticken, das Getrampel und die Zigarrenglut.

Mit jedem Wort wird die Kluft zwischen ihr und der Gerechtigkeit, die sie vorgab zu verkörpern, größer.

»Alles, *alles* ist besser. Alles ist besser als *das* hier!«

Stille.

Die Gefolgin erkennt, dass sie keine Antwort erhalten wird.

Die Frau erkennt, dass die Gefolgin keine mehr ist. Dass es keinen Platz mehr für sie gibt.

An diesem 4745. Tag entzieht die Frau der Gefolgin ihr Zuhause. Dabei ist sie selbst überrascht von der Macht der Wut, die durch ihren Körper wandert. Entfesselnd, genussvoll, ihre Züge verändernd, ihren Blick verklärend.

An diesem 4745. Tag wird aus der Frau die Mächtige.

An diesem Tag nistet sich die Macht in ihr ein und füllt ihre Lungen mit ausreichend Luft. Ein tiefer Atemzug. Ein. Und aus. Ein. Und aus.

Die Mächtige ruht auf ihrem Thron.

DER 6205. TAG

Durch das Gesicht der Mächtigen ziehen sich tiefe Furchen. Zwischen ihren Augenbrauen ein tiefer Graben, in dem sich all die Dinge, die ihr über die Jahre Sorge bereiteten, eingenistet haben. Ihr Lachen, laut, hallend und rauchig von den Zigarren, die sie raucht. Wörter verlassen ihren Mund, kräftig und hart, wie Schläge.

Manche bewundern sie. Manche hassen sie. Andere fühlen sich irritiert, verunsichert oder provoziert. Aber alle, sie alle fürchten sie. Alle haben Angst vor ihr.

Sie genießt die Angst. Die Anspannung, wenn sie einen Raum betritt. Die Kraft ihrer Stimme. Die Schlagkraft ihrer Worte. Der Schmerz, den sie auslöst. Alles für die Gerechtigkeit.

»Ich lebe und kämpfe für die Gerechtigkeit.«

DER 10950. TAG

Der Kreis ihrer Gefolginnen ist kleiner, aber loyaler geworden.

»Angst macht einsam«, hatte die Mächtige mal in einer kleinen Runde gesagt. Leise, nur zu hören für die Nächsten um sie herum. Besorgt hatten sie einander angeblickt. War das ein Vorwurf? Mussten sie nun etwas tun? Etwas sagen?

Wie die Einsamkeit eines Menschen tilgen, der von Menschen umgeben ist, die ihn ängstlich bewundern? In einem Raum voller Menschen, die ihm loyal sind?

Sie waren ratlos. Verständnisvoll nickten sie bei ihren gewaltvollen Wutausbrüchen. Da, wo es keinen Widerspruch gab, ging die Mächtige immer weiter. Immer häufiger wurde sie, die für Gerechtigkeit angetreten war, ungerecht.

Geduldig harrte ihre Gefolgschaft aus. *Ich weiß nicht, wie ich werden würde in ihrer Situation*, sagten sie untereinander. Sie fingen an, sie zu bemitleiden.

Sie spürt ihr Mitleid. Alles, was sie aufgegeben hatte für die Sache, schlägt ihr ins Gesicht. Der Genuss, den sie nie hatte, die Ruhe, die ihr nie gegönnt worden war, die Liebe, die sie nie in ihrem Herzen hatte ruhen lassen können, all die Leben, die sie hätte haben, leben, durch ihren Körper hätte fließen lassen können.

Die Mächtige sitzt unruhig auf ihrem Thron. Und erblickt die Verbannten ihres Reichs in der Ferne. Sie bewegen sich weg vom Bekannten, den Blick gerichtet auf ein Ziel in der Ferne. Ausgeruht. Mit einem Lächeln im Gesicht. Ihr Lächeln ist aber kein aufgesetztes, bemerkt die Mächtige. Es scheint aus ihrem Inneren zu kommen. Sie scheinen glücklich zu sein. *Zumindest glücklicher, als ich es bin. Das hätte ich sein können*, denkt die Mächtige, durchdrungen von Neid auf den Menschen, der sie hätte werden können. Der Mensch, der sie hatte werden wollen. *Wer bin ich?*, fragt sich die Mächtige. Traut sich aber keine Antwort, keinen Blick in den Spiegel. Und macht aus Angst weiter wie gewohnt.

MIKU SOPHIE KÜHMEL
MATERIAL

Im Wort Matriarchat steckt das Wort *mater*, und da fängt das Problem schon an. Bevor ich mir überhaupt Gedanken machen kann zu der Frage, wie ich mir ein Matriarchat so oder anders vorstelle als jenes Patriarchat, unter dem wir, ein westliches, über verschiedene Kulturen hinweg bürstendes Wir, leben, steht die Frage nach meinem Verhältnis zu Mutterschaft im Raum.

Das Muttersein ist mit dem Konzept des Matriarchats fest verbunden und mir als Idee gleichzeitig sehr, sehr fremd. Und weil, jedenfalls meinem Sprachempfinden nach, das Matriarchat nicht im weiteren Sinne Frauen zentriert, sondern im engeren Sinne Mütter, hatte ich lange das Gefühl, dieses Wort und die dahintersteckenden Ideen hätten, so spannend sie auch sein könnten, mit mir am Ende wenig zu tun.

Als Mädchen gelesen aufzuwachsen bedeutet, schon sehr früh als Mutter, als Mini-Mutter, inszeniert zu werden. Beinahe fetischisierend ist das:

Ich fand Babypuppen schon im Kindergartenalter eher beängstigend, und das hat sich bis heute nicht geändert. Auch echte Säuglinge bereiten mir so eine Art Unbehagen. Ich schnüffle nicht gern an ihren Hinterköpfen, ich ekele mich vor der weichen Fontanelle, und ich habe zwar Mitgefühl, wenn die kleinen Körper zu schreien anfangen, aber so gut wie keine Geduld, wenn sie damit nicht wieder aufhören wollen.

Ich hatte nie ein gesteigertes Interesse an der Versorgung von kleinen nackten Menschen. Stärker behaarte Wesen dagegen taten mir leid, vielleicht hatte ich Tieren gegenüber sogar so etwas wie ein urverankertes Schuldgefühl. Für Tiere da zu sein, mich um sie zu kümmern, war für mich jedenfalls keine Herausforderung, sondern reine Freude. Das hatte nichts mit Mütterlichkeit zu tun. Wenn überhaupt: mit spezies übergreifender Geschwisterlichkeit.

Als Mutter, dabei blieb es die letzten neunundzwanzig Jahre lang, sah ich mich nie. Und jetzt sagen Sie vielleicht, sie ist ja noch jung. Neunundzwanzig, ha, ha, da weiß eine Person doch noch gar nichts, da kann ja noch alles passieren. Was Sie vielleicht nicht wissen, ist, dass Sie damit schon mittendrin sind in meinem hierauf folgenden

Tagesfang der beliebtesten Sätze, um die man als kinderfreie Frau nicht herumkommt:

- »Warts ab, der Richtige wird schon noch kommen.«
- »Das ändert sich, sobald die biologische Uhr tickt.«
- »Kinder sind ja nur eine Phase im Leben einer Frau.«
- »Du musst es ja nicht wie andere machen.«
- »Du denkst nur, dass du keine Mutter sein kannst, weil deine eigene Kindheit nicht so schön war.«

Außerhalb der Klammer steht dann noch die Tatsache, dass jeder Arzt, dem ich je in meinem Leben irgendwelche Beschwerden beschrieben habe, mich sofort, und zwar schon viel zu früh, gefragt hat: »Aber schwanger sind Sie nicht?«

Die übergriffigen Sätze wickeln sich um Hand- und Fußgelenke wie Algen, während man versucht, durch einen See zu waten. Es ist eine heteronormative Folie, die mich immer schon auf eine diffuse Art fuchsig, später dann wütend gemacht hat. Und vor allem hat sie mich lange verunsichert:

Was ist, wenn sie alle recht haben?

Wenn der Wunsch noch kommt?

Wenn ich plötzlich doch Kinder will, genau wie dieser Mann, mit dem ich mich eben darüber zerstritten habe, und dann wache ich auf und bin allein mit dem Echo in meinem leeren Uterus?

Sie sehen, völlig ironiefrei kann ich diese Irritationen mittlerweile nicht mehr beschreiben, aber sie waren eine ganze Weile sehr real.

Dabei ist die Angst vor dem Alleinsein – so, wie sie in diesen Fragen steckt – eine ganz und gar ungesunde Angst. Es ist nämlich eine Angst, die sich an ein romantisches Konzept knüpft, innerhalb dessen ich als Person, vielleicht als Frau, nicht existieren kann, ohne mich in einer Partnerschaft zu befinden.

Nach einigem Hin und Her in den letzten Jahren lebe ich derzeit genau so: allein. Und ich finde es fantastisch. Ich möchte es eigentlich nie wieder anders haben.

Das heißt nicht, dass ich eine Eremitin bin, natürlich nicht. Aber das heißt, dass ich jederzeit entscheiden kann, nicht allein zu sein, und dass dazwischen die langen Ruhephasen liegen, in denen ich mich in der Konstanz meiner eigenen Existenz erholen kann. Alleinsein bedeutet für mich, mir selbst eine Stabilität zu geben, die ich lange, weil ich das so gelernt habe, im Außen suchte. In einer

Partnerschaft etwa und auch, leider: im Fortführen einer Geschichte, die nicht meine war. Im Erfüllen der Wünsche und Erwartungen anderer Leute. Zum Glück aber hielt ich das nicht unendlich lange aus und verabschiedete mich schließlich davon. Das war nicht schmerzfrei und lief nicht glatt, ohne dass mancherlei Distanzierungen stattfanden. Aber nicht auf die dramatische Weise, wie meine ängstliche Seite es sich ausgemalt hatte, Menschen rissen sich nicht reihenweise schreiend von mir los und stürmten davon in mystische Wälder (oder so). Es lief eher wie auf einem Schachbrett ab. Manche rückten weiter weg. Manche näher heran. Manche blieben genau da, wo sie immer schon gewesen waren.

Auch im Zusammenhang mit meiner (persönlichen) Opposition zum Thema Mutterschaft begegnete mir von manchen Gleichaltrigen schon vor Jahren ernsthaft die Frage: »Willst du denn im Alter alleine sein?«

Erstens: Ja. Natürlich. Ich träume von einer hochbetagten Zeit, in der ich durch eine große Stadt spaziere, in Cafés sitze und an meinem neuen Buch arbeite (denn natürlich werde ich bis zum Schluss arbeiten, da mache ich mir keine Illusionen). Ich träume von einer Zeit, in der hoffentlich meine körperlichen Einschränkungen und Schmerzen lange im aushaltbaren oder sedierbaren Umfang bleiben. Mein Traum-Ich trifft Freund:innen, geht zu Kulturveranstaltungen und hat Katzen. Diese Dame lebt in einer von Wilhelm Riphahn entworfenen Wohnung für alleinstehende Frauen (oder woanders, jedenfalls aber in einer Wohnung für alleinstehende Frauen, denn weil sie dort ist, wird die Wohnung zu eben einer solchen geworden sein) und ist dort die dienstälteste Mieterin.

Zweitens: Die Mutterschaft wäre – verdammt noch mal – kein Garant für das Nichtalleinsein. Und die Annahme, nur weil man selbst eine Person gemacht hat, könne man sich auf deren Gesellschaft verlassen, finde ich einfach frech. Denn diese Version des Nichtalleinseins setzt voraus, dass wir unsere Kinder kontrollieren können, dass wir sie uns im Grunde heranzüchten nach unserem Gutdünken, dass sie eben keine *Phase* sind, sondern dass wir vielmehr die Nabelschnur auf einer symbolischen Ebene nie ganz durchtrennen werden, dass es eine Erwartungshaltung gibt, eine Verpflichtung, die Ahnen ehren und so weiter.

Und das ist egozentrischer Quatsch, pardon my French. So funktioniert Zusammenleben nicht, Generationenvertrag hin oder her. Und deswegen finde ich den Gedanken absurd, sich seinen eigenen Zeitvertreib zu zeugen und sich später darüber zu beschweren, dass diese kleinen nackten Menschen, die man gemacht hat, als große angezogene Menschen diese Pflichten vernachlässigen, die man ihnen angedichtet hat, als man sie gewickelt hat und gefüttert und stundenlang herumgetragen, WEIL SIE DARAUF AN-GEWIESEN WAREN, nicht weil sie es sich ausgesucht hätten. Was ist das denn für eine fürchterliche Vorstellung von Familie, von Hingabe, von Wärme oder Menschlichkeit? Mutterschaft, nein danke.

Mutter in dem Sinne des Wortes will ich also nicht sein. Schön und gut, Miku, aber solche persönlichen Entscheidungen musst du uns beileibe nicht mitteilen. Wir wollen das alles gar nicht so genau wissen, und außerdem hält diesen destruktiven Zivilisationspessimismus keiner aus. Kliroklaro, meine Kinder dürfen sich entwickeln, wie sie es eben tun werden, alles sauber, ich werde sie akzeptieren, wie sie sind, ihre Identität annehmen und ihre Entscheidungen respektieren, aber was soll uns das alles bringen in diesem Buch über das Matriarchat? Kannst du uns bitte mit dei-

nem jugendlich übermütigen nihilistischen Kinder- und Mütter-Hass in Ruhe lassen?

Moment noch. Tatsächlich ist es so einfach am Ende dann doch wieder nicht. Ich hasse Kinder nicht, und ich hasse auch ihre Eltern nicht. Ich finde, dass das Wort Hass nur auf sehr wenige Körper des Alltags beziehbar bleibt, sobald man älter als neun Jahre ist. Sogar auf noch weniger als das Wort Liebe.

Ich kann ganz in Ordnung mit Kindern, ich kann mich um sie kümmern. Ich kann mir prima gute Geschichten und schlechte Witze für sie ausdenken. Ich bin nur froh, wenn ich sie nach einer mittelkurzen Weile dann auch wieder abgeben kann.

In Sharon Otoos Roman *Adas Raum* unterhalten sich zwei Frauen. Die Schwester der jüngeren Frau ist gerade schwanger, und die ältere mahnt sie: »*Dir ist klar, dass du auch Mutter wirst, oder? […] Das Kind deiner Schwester ist auch dein Kind.*«

Vielleicht begreifen die meisten von uns die Idee einer Mutter in zu engem Rahmen. Otoos Figuren in dieser Szene sind, das ist an der Stelle durchaus wichtig, nicht in einem weißen, deutschen, bürgerlichen Haushalt sozialisiert. Wenn es um Mutter- und Elternschaft geht, denken die meisten an die westliche Kernfamilie mit all ihrer Unabhängigkeit von einem Kollektiv (die auch eine Kehrseite hat, nämlich das Ausgeliefertsein dem eigenen Schicksal gegenüber).

Was heißt es aber, wenn das Wort Mutterschaft einfach bedeutet, weiterzugeben? Kapital weiterzugeben in jeder Ausformung, die Bourdieu eingefallen wäre, Wissen weiterzugeben, Erkenntnis, Gedanken, Geld, Kleider, kleine

Sammlungen von Porzellanfigürchen oder den leuchtend orangen Handmixer aus der DDR?

Wenn es darum gehen würde, dass Mutterschaft, Elternschaft oder Familie als Begriffe, nach denen wir eine Gesellschaft auf der Makroebene strukturieren, nicht auf dem Inhalt einer Biologieschulstunde der sechsten Klasse fußte. Nicht auf einem klassischen heteronormativen Ehevertrag. Nicht auf zwei Paar Füßen, von denen eines weiter zur Arbeit geht und das andere endlose Runden um den Parkteich dreht, vier Plastikräder vor sich herrollend, summend, vielleicht manchmal fluchend, gar nicht mal so selten gelangweilt.

Können dann nicht noch viel mehr Menschen Mütter sein? Sind dann nicht schon mit dem Wort Mutter viel mehr gemeint als jene, die in ihrem Uterus einen Embryo wachsen lassen und gebären? Und wenn man dieses Muttersein ein bisschen aufbrechen und auf mehrere Paar Schuhe verteilen könnte. Wenn man damit nicht erst beim Weitergeben anfängt und auch nicht beim einfachen Geben, dem, was wir subsumieren unter dem Wort Care-Arbeit, sondern beim Erwerb und beim Besitz von allem: kulturellem und finanziellem Kapital und so weiter. Wenn man die Porzellanfigürchensammlung aufteilte unter allen und den Handmixer aus DDR-Zeiten durchtauschte, wenn gerade kein Teig geknetet werden muss.

Dann würde die Mutterschaft und mit ihr der Feminismus und mit ihm das Matriarchat, das wir uns vorstellen, dem wir vielleicht Plätze, vielleicht Inseln, vielleicht noch mehr einräumen können und wollen, für alle sein.

KRISTOF MAGNUSSON
DIE SACHE MIT DEM NAMEN

Noch bevor Island bei der Fußball-Europameisterschaft der Herren 2016 das Viertelfinale erreichte und vielleicht erstmals als Fußballnation wahrgenommen wurde, hatten bereits zahlreiche isländische Fußballspieler bei diversen europäischen Spitzenliga-Vereinen unter Vertrag gestanden. Der Stürmer Heiðar Helguson – geboren 1977 – war schon gar kein aktiver Profifußballer mehr, als sich die EM-Sensation von 2016 ereignete. Bis 2013 hatte Helguson unter anderem für die englischen Vereine FC Watford und FC Fulham gespielt und war ein amtlicher Star des englischen Profifußballs. Heiðar Helguson dürfte eine der bekanntesten Personen sein, deren Name sich auf den Vornamen der Mutter bezieht – Heiðar ist der Sohn *(son)* von Helga, aus der im Genitiv *Helgu* wird. (Anders verhält es sich übrigens mit dem ähnlich klingenden Namen des Autors Hallgrímur Helgason, sein Name Helgason bezieht sich auf Helgi, den Vornamen seines Vaters.)

Wenn es um das Thema Matriarchat geht, halte ich aus zweierlei Gründen Namensgebungstraditionen für relevant. Der erste Grund ist die Frage, die im Kontext gesellschaftlicher Verhältnisse fast überall auftaucht: Wie sehr beeinflusst die Sprache vorhandene Ungerechtigkeiten? Inwiefern tragen sprachliche Konventionen dazu bei, dass wir ungerechte soziale Verhältnisse als unveränderlich wahrnehmen und diese Verhältnisse damit zementieren? Der zweite Grund ist das Phänomen der Weitergabe von Generation zu Generation. Macht bewirkt nichts, solange sie nur in einem einzigen Moment existiert. Wahre Machtverhältnisse wirken dadurch, dass sie ihren eigenen Fortbestand über die Zeit sichern. Ein Matriarchat kann nur existieren, wenn auch Mechanismen der Machtweitergabe existieren. Es reicht nicht aus, ein Matriarchat für den Moment zu errichten. Es bedarf eines Gegenentwurfs zur hegemonialen Männlichkeit. Es bedarf einer hegemonialen oder dynastischen Weiblichkeit. Beide Dinge – die Macht der Sprache und die Vererbung von Verhältnissen – sind im sozialen Konzept der Namensgebungstradition enthalten.

Immer wieder wurden auf der ganzen Welt Personen nach ihren Müttern benannt – nach deren Vornamen oder deren Nachnamen. Dass Namen der Kinder sich auf den Vor- oder Nachnamen der Mutter beziehen, ist verbreiteter, als es uns auf den ersten Blick vorkommt. Gern würde ich jetzt behaupten, dieses Feld sei rein metaphorisch »eine Wissenschaft für sich«, in diesem Fall jedoch trifft das tatsächlich zu: Matronyme und matrilineale Namensgebungstraditionen sind tatsächlich eine Wissenschaft. Der Ausdruck Matrilinearität bezeichnet ganz allgemein eine Erbfolge, die sich an der Mutter der jeweiligen Generation orientiert. *Was* da matrilineal vererbt wird, kann ein Familienname, ein Gegenstand oder ein ganzes Königreich sein. Die beiden Töchter meiner Schwägerin haben denselben Nachnamen wie ihre Mutter, ihr Nachname wurde matrilineal vererbt. Die matrilineale Form der Namensgebung ist weitaus weniger ungewöhnlich als die matronyme. Matrilinearität und Patrilinearität bezeichnen das Funktionsprinzip der Weitergabe: Wer gibt etwas an wen weiter? Sie bezeichnen jedoch nicht, *was* weitergegeben wird. Anders sieht es bei Patronym und Matronym aus. Hier geht es ausschließlich darum, dass sich die Namen der Kinder am Vornamen eines der Elternteile orientieren. (Matronym ist übrigens die latinisierte Form des eigentlich griechischen Ausdrucks metronym, das wiederum abgeleitet ist vom altgriechischen Wort *mētēr*.)

Die patronyme Namensgebungstradition ist uns heute unter anderem bei nordgermanischen Namen vertraut. Auch in Russland und anderen europäischen Ländern kommen Patronyme vor, in Russland jedoch eher als eine Art Mittelname, der zwischen dem Vor- und dem Nachnamen steht. Von allen skandinavischen Ländern ist Island dasjenige, in dem die patronyme Namensgebung besonders dominant ist. In Schweden ist es weiterhin möglich, die Nachnamen der Kinder nach nordgermanischer Tradition zu vergeben, aber nicht sehr üblich. Auch die Umwidmung von Patronymen zu normalen Familiennamen ist dort möglich – ebenso wie in Dänemark und Norwegen. In vergangenen Jahrhunderten war diese Namensgebungstradition jedoch weit verbreitet. In Norddeutschland fand sie mit dem *Code civil* ein Ende, der dank Napoleon Bonaparte bis nördlich von Hamburg galt. Slawische Familiennamen mit der Endung -ski, -vic oder -witsch sind uns allen geläufig. Weniger bekannt sein dürfte die angelsächsische Tradition, den Namensvorsatz Fitz zu verwenden. Der Namensvorsatz Fitz kommt von dem lateinischen Wort für Sohn, *filius*. Der Nachname der Sängerin Ella Fitzgerald hat also seinen Ursprung in dem Namen FitzGerald, Sohn des Gerald. Gerade bei dieser Namensgebungstradition

existieren berühmte Matronyme. War die Mutter eine be-
kanntere oder bedeutendere Person als der Vater, so wurde
das Kind nach dem Vornamen der Mutter benannt. Die
mittelalterliche Monarchin Matilda von England pendelte
zwischen der Normandie und Oxfordshire, um kurzzeitig
als erste weibliche Regentin über ein ganzes Kaiserreich
zu herrschen. Ihr Sohn William trug deshalb den schönen
Namen William FitzEmpress. Heute verwenden wir viel
Energie darauf, Geschlechterverhältnisse in der Sprache so
abzubilden, dass sie allen Ansprüchen gerecht werden. Und
oft hakt es, wenn unterschiedliche Gruppen unterschiedliche Ansprüche daran haben, was mit der Sprache eigentlich zum Ausdruck gebracht werden soll. Ein frühes Beispiel dafür dürfte der dänische König Sven Estridsson sein,
dessen Regentschaft im Jahr 1047 begann. Sein Matronym
basiert auf dem Vornamen seiner mächtigen Mutter, Estrid
Svendsdatter. Weil man im benachbarten Norwegen wenig
von Mutter Estrid hielt, nannte man ihren Sohn dort stattdessen Sven Ulfsson, nach seinem Vater Ulf.

Diese beiden Beispiele für mittelalterliche Matronyme
hatten ausschließlich etwas mit dem Ruhm und der Macht
der Mutter zu tun. Es handelt sich weder um Verlustfälle
(kein Vater identifizierbar) noch um weibliche Emanzipation. Man braucht kein *empowerment,* wenn die Mutter
bereits *power* hat. Matronyme sind hier keine Anzeichen
eines Mangels, sondern Ausdruck bereits vorhandener,
weltlicher Macht auf weiblicher Seite. Vielleicht ist es an
dieser Stelle angebracht, noch genauer darauf hinzuweisen,
dass Matronyme und Patronyme keine Nachnamen sind.
Personen haben entweder Nachnamen oder Matro- oder
Patronyme. Beispielsweise lautet mein Name nach isländi-
scher Tradition schlichtweg: Kristof. Weil das aber doch zu
Verwirrungen führen könnte, habe ich zusätzlich das Pa-

tronym Magnusson, das sich natürlich auf Magnus bezieht, den Namen meines Vaters. Der Einfachheit halber bietet es sich an, das Patro- oder Matronym wie einen Nachnamen zu verwenden, aber streng genommen ist es kein Nachname.

Ein weiteres mittelalterliches Matronym aus Skandinavien ist das des isländischen Skalden-Dichters Eilífr Goðrúnarson, der den Namen seiner Mutter Goðrún trug. Und meine isländische Schriftstellerkollegin Guðrún Eva Mínervudóttir trägt ebenfalls ein Matronym, der Name ihrer Mutter lautet Mínerva. Auch wenn es wenig dokumentiert ist, so haben Matronyme eine lange Geschichte in Skandinavien. In den meisten Fällen handelte es sich zwar um die Benennung unehelicher Kinder, oder Situationen, in denen der Vater bereits vor Geburt des Kindes verstorben, verschollen oder anderweitig verschwunden war. Matronyme waren in gewisser Weise also schon immer möglich, nur nicht üblich. Was die Namenstradition als vorwiegend männlich determiniert, ist keine Gesetzesgrundlage, sondern Brauchtum.

Anhand der europäischen Namensgebungstraditionen lässt sich ein besonders heikler Aspekt der gesellschaftlichen Modernisierung erkennen: Modernisierungsprozesse können befreien und gleichzeitig ungerechte Ordnungen verfestigen. Im Laufe des 18. und 19. Jahrhunderts wurden die meisten patro- und matronymen europäischen Namenstraditionen durch Familiennamen ersetzt. Diese moderne Familiennamensgebung war nahezu ausschließlich patrilineal. Kinder erhielten die Nachnamen, die ihre Väter trugen. Im Mittelalter und in der frühen Neuzeit mag es ungerechter zugegangen sein, aber es gab womöglich auch mehr Möglichkeiten für Prozesse außerhalb der Norm. Die

Moderne befreit und schreibt gleichzeitig fest. Der relative Wildwuchs vormoderner Namenstradition wurde modern vereinheitlicht und dabei einem männlich dominierten Mainstream angepasst. Auf matrilineale Traditionen und Matronyme nahm die gesellschaftliche Modernisierung des 18. und 19. Jahrhunderts wenig Rücksicht.

Heute sind Matronyme oft auch Statements. Der Protagonist des isländischen Kinofilms *Mr. Bjarnfreðarson* (2009) hat ein Matronym, denn die Mutter der Filmfigur heißt Bjarnfreður Geirsdóttir. Das kommt nicht von ungefähr, denn sie begreift sich als radikale Feministin, für sie ist es selbstverständlich, dass ihr Sohn ein Matronym erhält. *Mr. Bjarnfreðarson* ist ein Film, der stark mit cineastischen Übertreibungen arbeitet, aber ganz abgesehen davon war die Frage nach dem Matronym ein fester Bestandteil des Geschlechterkampfs im Skandinavien der 1970er-Jahre. Auf Amrum und Föhr wurden die Kinder angeblich hauptsächlich nach ihren Müttern benannt, da die Väter sowieso die meiste Zeit auf See waren und so oft mit ihren Booten versanken, dass eine matronyme Namenstradition viele alltagspraktische Vorteile mit sich brachte.

Über keine matronyme Namenstradition ist jedoch so viel geschrieben worden wie über die alttestamentarischen Namen. Dahinter steht die Frage, wie matriarchal die gemeinsame Ur-Religion von Christen und Juden in ihren Ursprüngen einmal war. (Gerda Weilers viel diskutiertes Buch *Das Matriarchat im alten Israel* enthält brisante Thesen hierzu.) Mit der Namenstradition selbst hat sich bereits 1910 Earle Bennett Cross auseinandergesetzt. Anhand der Häufigkeit von Matronymen und Patronymen weist er nach, dass es auch im Alten Testament einen Trend vom Matronym zum Patronym gegeben hat. Die gesellschaftliche Modernisierung, die schleichend matriarchale Strukturen wegstandardisiert hat, hat also wahrlich alttestamentarische Wurzeln. Wenn mir jetzt noch einmal jemand die These unterbreitet, dass das Mittelalter bereits die Postmoderne vorweggenommen hat, kann ich zumindest mit der These dagegenhalten, dass das Alte Testament bereits die Moderne vorweggenommen hat.

Auf ein Zitat, das Earle Bennett Cross bereits 1910 aufgriff, bezog sich auch Irmtraud Fischer im Jahre 1994 in ihrem Artikel »Die Erzeltern Israels«. Sowohl Cross als auch Fischer zitieren den Genesis-Kommentar von 1901 von Johann Friedrich Hermann Gunkel mit dessen Worten: »Namen gibt, wer das Eigentumsrecht hat.« Diese These gilt als überholt, weswegen sich Irmtraud Fischer Mühe gibt, diese Behauptung zu relativieren und neu zu kontextualisieren. Was jedoch unstrittig sein dürfte, ist die enge Verbindung zwischen Matronym und Matriarchat. Keine Macht ohne Sprache, und kein Machterhalt ohne Vererbung.

Und so möchte ich, dass der vorliegende Text vor allem nicht nur als ein Text von Kristof Magnusson bekannt wird, sondern noch mehr als ein Text von Kristof Hanneloreson.

SOPHIA SÜSSMILCH
DIE MATRIARCHIN. EINE ABRECHNUNG

1. FEUER

Ihr wollt also wissen, wie das Matriarchat aussieht?

Das Matriarchat hat rote Haare, ich nenne es heimlich Esoterika, aber das Matriarchat heißt Hannelore. Das Matriarchat, das ist meine Mutter. Meine Mutter ist ein Atomkraftwerk. Ein Kraftwerk der Gefühle, ein Perpetuum mobile der empfindenden Seele, ein Terrorinstrument der Göttinnen, im heiligen Krieg der Liebe. Niemand weiß so genau, wo sie ihre unerschöpfliche Energie hernimmt.

Obwohl, ich habe da so meine Theorien.

Sie hat acht Kinder geboren, nur um sie als Batterien zu verwenden, sie ein Leben lang auszusaugen. Diese Maschinen aus *Matrix* sind nix gegen Monsterhannelore. Die Anzahl der von ihr geborenen Kinder beruht wohl auf dem Mutterkreuz – denn auch wenn sie sich als »Citizen of mother earth« oder »Love child« bezeichnet, ist sie doch so deutsch, dass sie Adis Mindestansprüchen genügen möchte (unbewusst natürlich, ich unterstelle hier keine Absicht). Googelt mal »braune Esoterik«, und schwups seid ihr beim Wikipediaeintrag meiner Mutter.

Sie hat ein System aus Schuldgefühlen erschaffen, sie hat es perfektioniert. In unserer Sippe wird das Liebe genannt. Die Macht der Verleugnung, sie ist groß. Hannelore selbst wurde schon in ein undurchschaubares Geflecht aus Ganz-, Halb-, Stief- und Fastgeschwistern geboren, die Hälfte von ihnen entweder tot oder gerade am Abkratzen, die andere Hälfte lebt nach jahrelanger Psychoanalyse inzestuös auf La Gomera. Ich nenne sie alle Tante Inge und Onkel Hartmut, der Einfachheit halber.

Meine Großmutter ist in den 1960er-Jahren aus der DDR geflohen, ist infolgedessen süchtig nach möglichst authentischen Weltreisen geworden und dann 1997 irgendwo in Mexiko verschollen. Meine Erinnerung an sie ist dunkel, aber meine Großmutter war zäh wie Leder, hart wie Kruppstahl. Meine Vermutung ist, dass sie sich einem Mafiaclan angeschlossen hat und ihn nun dort regiert, nachdem sie ihre familiäre Regentschaft an Hannelore übertragen hat. Ihre letzte Nachricht war ein Telegramm an meinen Großvater, der sich selbst »DER MAC« nannte, ausschließlich in der dritten Person von sich sprach und behauptete, dass keines ihrer Kinder von ihm ist (eine offensichtliche Lüge, seine grauenhafte Nase steckt wie ein Kolben in unser aller Gesichter). Irgendwann danach hat sie ihm noch den Geldhahn zugedreht. Was dazu führte, dass DER MAC fortan bei uns lebte. Er hatte das eigentlich nicht verdient. Er war ein Arschloch. Erst brennender Sozialist, dann glühender Faschist (die Nazis waren ja auch Sozialisten, es war nicht alles schlecht etc. pp.). Außerdem war er Ufologe, Vampirjäger (don't ask), Nudist und stand auf Kinder. Über den letzten Teil reden wir in der Familie selbstverständlich nicht, da stehen wir in gutbürgerlicher Tradition, das wird höchstens »seine eigenartige Sexualität« genannt. Auch hier schon Macht, Abhängigkeit, Liebe, Schuld, das ganze Programm im patriarchalen Schnelldurchlauf. Immerhin hatten aus diesem Grund diverse Sekten, die sofortiges Seelenheil versprachen, in den 1980ern einen guten Zulauf von den Hartmuts und Inges. La Gomera, mögest du ihnen den Frieden bescheren, den ihnen Osho nicht geben konnte.

Meine Mutter hat er aber vergöttert, DER MAC, und dafür war sie ihm dankbar.

Ich hatte immer gehofft, dass die Connections meiner Oma weit genug reichen, dass sie ihn umlegen lässt, aber Hannelore hat den Job irgendwann selbst erledigt, als sie von der eigenen Dankbarkeit genug hatte. Wir Frauen haben ja da so unsere Mittel und Wege.

Sie ist eben eine emanzipierte Frau, die Hannelore.

Alle Eltern zerstören ihre Kinder, so klar, so einfach. Aber man würde es sich zu einfach machen, meiner Mutter schlichtweg eine narzisstische und uns Kindern eine dependente Persönlichkeitsstörung zu unterstellen. Die psychischen Störungen in unserer Familie, in alphabetischer Reihenfolge (fixe Diagnosen plus ein paar Vermutungen): Adipositas, Alkoholismus, Bipolare Störung, Borderline, Bulimie, Depression, Größenwahn, Magersucht, Manie, Narzissmus, Okkultismus, Paranoia, Schizophrenie, Zwang.

Es gibt Gründe, warum sie zugleich die tollste und abscheuerregendste Frau der Welt ist. Das ist kein Pro und Kontra, es gehört bei ihr zusammen wie Yin und Yang. Da gäbe es so viele Geschichten zu erzählen, was ich auch gern tue, wenn die Leute wieder nicht verstehen, was es mit ihr auf sich hat. Ich leiere die Anekdoten runter wie eine geschlagene Ehefrau, die begründet, warum sie zum zehnten Mal zu ihrem prügelnden Mann zurückkehrt.

Das Fundament ihrer Persönlichkeit ist divers, so wie ihre Liebe absolut ambivalent ist.

Jede Äußerung von Zuneigung ist zugleich ein Erpressungsversuch.

Jede Aufmerksamkeit ein Gefallen, mit dem du ihr etwas schuldest.

Es sind nicht nur ihre Eigenschaften, die sie zu unserem Oberhaupt machen, sondern auch ihr Handeln. Wenn sie, wie neulich, aus Versehen mit dem E-Scooter in eine Nazidemonstration rollt, weil sie die Anfangskundgebung der Antifa verpasst hat, leuchtet sie wie eine brennende rote Fackel inmitten der braunen Brut. Sobald sie die Situation begriffen hat, lässt sie es sich nicht nehmen, noch einmal ordentlich Schwung zu holen und richtig reinzurasen. Drei Braune nietet sie ganz um, einer davon sogar in staatsdienendem Blau, und dann verpasst sie noch einigen blaue Flecken. Die zunächst wild um sich prügelnde Frau schafft es dann auf der Wache, sich friedlich aus der ganzen Sache herauszureden. Sagt, dass sie dieses Geheimnis mit ins Grab nimmt, und man vermutet sexuelle Verstrickungen dahinter. Oder sie hat ihren »cosmic gaze« aufgesetzt. Bullen ficken, so oder so.

Überhaupt prügelt sie sich gern und viel. Meinem Ex-Freund Konstantin hat sie den Kiefer ausgerenkt und einen Milzriss beschert. Er hat mir das Herz gebrochen, weil er sich beim Pinkeln nicht hingesetzt hat, und Hannelore kennt kein Pardon, wenn es um mein Herz geht.

Alte Wunden reißen bei ihr auf, und der Hass aufs Patriarchat quillt daraus hervor. Der Apfel fällt nicht weit vom Stamm. Der Hass auf Hoden, er vereint ungemein.

#notallmen, haha.

Und darum liebe ich sie, die Matriarchin.

2. ERDE

Die Hannelore möchte nicht so genannt werden. Auch nicht Mama oder Mutter. Sondern entweder »Die große Mutter«, »Urmutter« oder »Erdmutter«. »Erzmutter« ist auch okay. Selbstverständlich kommt mir dabei die Kotze hoch. Es ist unmenschlich, so etwas mit seinen Kindern durchzuziehen, vor allem in der Pubertät. Und ihr würdet nicht glauben, was sie sich in meiner Pubertät geleistet hat.

Als ich mit zehn Jahren das erste Mal menstruiert hab, gab es ein Initiationsritual, das nacktes Tanzen mit einschloss. Sie hat mir eine Binde gegeben, die sie von einer ihrer Entbindungen übrig hatte. Ich fragte mich, wie ich mit der Windel zwischen den Beinen jemals wieder in die Schule gehen soll. Sie dachte, es wäre eine gute Gelegenheit, eine Ansprache vor meiner Grundschulklasse zu halten. Über den Ursprung allen Lebens, über die Macht der Weiblichkeit, neues Leben entstehen zu lassen, und über die Theorie, alles kulturelle Tun von Männern entstamme einem tief sitzenden Gebärneid und sei daher von vornherein als minderwertig zu betrachten.

Mit in die Luft gestreckter Faust »Viva la Vulva« rufend, sehe ich sie noch aus dem Klassenzimmer rausgehen, bevor es still wird und alle mich anstarren.

Matching outfits hat sie uns genäht, aber unterste Schublade, Leggins aus Lycra, Shirts, auf denen LESBIANS LICK BETTER steht, und dazu Ponchos aus Frottee, aus denen man im Sommer durch zwei Löcher die Brüste raushängen lassen kann (mittlerweile kann ich sagen: geile Dinger, sie nimmt Bestellungen entgegen, burnyourbra@hannelore wagner.com).

Als Teenagerin willst du doch vor allem dem Patriarchat gefallen. So ab dem elften Lebensjahr fängst du dann an, deine Muschi zu rasieren, erste Diäten zu machen, deinen Körper ganz grundsätzlich abstoßend und unrein zu finden, dir das Wissen anzulesen, wie du nie wieder Körperflüssigkeiten und Gase absonderst. Nach Perfektion zu streben, um wenigstens als halber Mensch, so unvollständig ohne Hoden, von den Hodenbesitzern als liebenswert oder zumindest benutzbar wahrgenommen zu werden. Der Traum von der göttlichen Liebe, das Hirn vernebelt von Hormonen, noch unfähig, deine Geilheit als solche zu erkennen, willst du die vollständige Absorption durch die Regenten unserer Gesellschaft. Den hübschen Seppi aus deiner Klasse, die vielen Brüder, den abwesenden Vater, Mark von Take That, den Nachrichtensprecher, den Papst.

Das nennt sich Identitätsbildung, und es ist nun mal wichtig, im System oben zu schwimmen, um Selbstbewusstsein zu entwickeln. Belohnung durch männliche Aufmerksamkeit, so heißt das Prinzip, deinen Schwestern dabei die Augen ausstechen, in der Hierarchie nach oben steigen.

In Bayern auf dem Land potenziert sich das Ganze noch mal, da findet es die Regierung richtig und wichtig, dass das so ist. Traditionsbewusstsein halt.

Und dagegen geht die Hannelore vor.

Das fünfzehn Kilometer entfernte Jugendzentrum war genau die Bühne, die sie brauchte. Ich, bemüht darum, möglichst cool zu sein und mich in die dort bestehende links-patriarchale Hackordnung einzufügen, wollte mich unauffällig vom Acker machen, aber Hannelore gab sich stets die Ehre, mich abzuholen und auch noch ins Jugendzentrum reinzugehen. Sie zeigte sich betont locker, trug handgestrickte Pullover mit Hanfblättern darauf, dazu Crocs (die sie heute noch auf meinen Vernissagen anzieht, die mit Fell). Sie war laut und unübersehbar. Anbiedernd verwendete sie das Vokabular aus ihrer Jugend, Wörter wie »freaky« und »oberaffengeil«, von denen sie wohl dachte, es sei immer noch Jugendsprache. Sie kam nicht einfach nur jedes Mal rein, sie tanzte dann, auch wenn niemand anders dies tat, mit ausgebreiteten Armen, lautstark mitsingend, den Kopf im Nacken, auf der Bühne. Ihre Brüste, ausgesogen von zwanzig Jahren ununterbrochenem Kinder säugen, flogen dazu synchron um sie herum.

Ich habe in solchen Momenten über Suizid nachgedacht, weil ich die Peinlichkeit nicht ertragen habe. Die Hannelore schmiss eine Show, die den Namen Performance Art redlich verdient hat.

Die Punks dort haben die Hannelore aber sofort ins Herz geschlossen ob ihrer »Individualität«. Dann wurde gekifft, sogar mit Faust ballen, es war ein Elend.

Ich bin schließlich nur noch heimlich ins Jugendzentrum, irgendwann gar nicht mehr, weil die Hannelore dort mittlerweile ein und aus ging.

Ihr Plan, mich zu isolieren, hat also astrein funktioniert. Dass Scham neben Angst das wirksamste Machtmittel ist, hat sie sich vom Patriarchat abgeschaut. Nazis wären die letzte Rebellion gewesen, die mir geblieben wäre, aber alle Nazi-Jungs sahen scheiße aus, und den Style der Nazi-Mädels mochte ich auch nicht.

Das hat trotzdem keinen starken Menschen aus mir werden lassen. Überall wurde ich gemobbt. Mit dreizehn wollte ich einfach fickbar und ansonsten unauffällig und dünn aussehen, auch wenn mir das Vokabular dafür fehlte, was da abging. Aber die Hannelore hat »das System« durchschaut (ja, verdammt, sie hat es durchschaut) und sah in der Kindererziehung ihre ganz persönliche Waffe dagegen. Ihr Einfluss hat mich endlos traumatisiert, und noch vor dem achtzehnten Lebensjahr war ich seelisch verkrüppelt.

Und darum hasse ich sie, die Hannelore.

Ging es ihr um Feminismus, oder diente er ihr einfach als politisches Ventil für ihre Komplexe und ihre Selbstherrlichkeit? Jedenfalls war Gleichberechtigung nie ein Motiv, sondern stets Rache. Sie will nichts besser machen, sie möchte mit ihrem Clan sicherstellen, dass die nächsten zweitausend Jahre alles Männliche unterdrückt wird, dass zurückgeschossen wird, mit der Macht der Möse.

Und so heiligt der Zweck die Mittel, es gilt, die Brut so kleinzumachen, den Selbstwert des Kindes beizeiten zu zerstören, sodass du ein Nichts bist ohne sie und sie alles sein kann.

Was die ganze Nummer von einer Sekte unterscheidet? Man nennt es Familie, und es trägt das Siegel der stattlichen Anerkennung. »Familiendrama« heißt es doch, wenn wieder ein Patriarch seine Frau abmetzelt oder »erweiterter Suizid«, wenn er seine Kinder gar gleich mit erstickt, weil er denkt, das alles gehört ihm und kann ohne ihn nicht sein.

Es ist so, dass ich mir eine Welt ohne die Hannelore tatsächlich nicht vorstellen kann. Sobald ich nur eine gedankliche Sekunde daran verschwende, bohrt es mir einen Pfahl durch die Brust, der sämtliches Weiterdenken, ja Weiterexistieren unmöglich macht. So will ich dankbar sein, dass es sie gibt, sodass es mich geben kann. Stirbt sie, so sterbe ich, so sterben wir alle. Ein Ich ist mir physisch nicht möglich, ich bin die Tochter von. Das ist es, was sie mir und meinen Schwestern suggeriert: jetzt die Tochter der großen Mutter sein, dann selbst zu einer solchen werden. Ich sehe aus wie sie vor zwanzig Jahren, unsere Stimmen sind gleich, unsere Bewegungen schwingen im D'accord, ich weiß, sie hat mich auserkoren, ihre Nachfolgerin zu werden.

Ich weiß, ich werde es nicht sein, ich will und werde frei sein.

Aber ich habe jahrelang mitgespielt: Ich musste von ihr alles über den »cosmic gaze« lernen, all den esoterischen Kram, von Kartenlegen bis Auramassage, all die Scharlatanerie, von Reiki bis Homöopathie, mit der sie Unmengen von Geld scheffelt. Nur die Tricks der psychischen Manipulation (ihre »motherly magic«) vermag sie mir noch nicht zu vermitteln, denn dazu muss man vor allem schamlos sein, und die Scham hat sie mir ja genau deshalb ins Gesicht geschmiert, Expositionstherapie vom Feinsten. Ich glaube zudem, man muss für diese Tricks genauso krank im Kopf sein wie sie.

Sie sagt, für ihr Charisma kann sie nichts, und im Übrigen verbaue ich mir mit meiner Weigerung, an ihren Kraftritualen teilzunehmen, den Weg zur Erleuchtung selbst.

Kraftrituale, welch Euphemismus für Gang-Bang-Partys.

3. WASSER

Auf einem dieser Kraftrituale bin ich gezeugt worden. Der energetische Kosmos, aus dem ich stamme, liegt in Tirol, genauer gesagt, Westendorf.

Wie soll das restliche Leben denn schon werden, wenn es in Tirol seinen Ursprung hat?

Das Erfahrungsseminar, das Hannelore 1982 veranstaltet hatte, hieß »Komme und werde mit Mutter Erde – Verabschiedung unseres wütenden Ichs durch die heilsame Kraft der Sexualität«, mittlerweile ein Klassiker in ihrem Repertoire.

Sie selbst sagt »squirting unlimited« dazu, ihr Geschlecht nennt sie »Die alte Gundula«.

Die alte Gundula ist in etwa wie die Schildkröte Morla aus dem Film *Die unendliche Geschichte*: unendlich weise und unendlich böse.

Die Männer, die auf die Seminare gingen, waren vermutlich schon vorher, ganz sicher aber nach meiner Mutter, gebrochen. Die Feuchtigkeit der wegen ihr vergossenen Tränen und die Nässe ihrer Lust sind das Gleitgel ihrer Seele. Weggeschwemmt wird alles Männliche, mit einer Flut aus feuchter Fut treibt sie das Patriarchat ab.

Als biologischer Vater kommen alle von damals infrage. Für Hannelore spielt es keine Rolle, welchen Typen sie da abzapft, um ein neues Menschlein in sich zu backen. (Ich finde die Vorstellung, Knochen und Organe in meinem Bauch zu produzieren, komplett ekelhaft, Kinderwunsch, ich lach mich tot.)

Und außerdem habe ich am Hintern einen kreisrunden Leberfleck. Das sieht aus, als hätte man mir eine Scheibe Extrawurst auf die Backen geknallt. Lächerlich rund und symmetrisch. Es gab da diesen Norbert, der hatte das auch. Mama mochte den, was bedeutet, dass sie mit ihm öfter Sex hatte, alle paar Wochen mal. Bis auf die Seminare, also die Arbeit, hat die Frau aus politischen Gründen ausschließlich tantrischen Non-Penetration-Sex, ich war also gewissermaßen ein Arbeitsunfall. Und als der Norbert dann spitzbekam, dass meine Mutter schwanger war, war er ganz verliebt und stellte plötzlich Ansprüche, es ist ja nicht nur dein Kind und so weiter. Da hat sie ihm ein Kilo Kokain untergejubelt und Kriminalkommissar a.D. Harald Schulze aus früheren Tagen angerufen, der hat das dann geregelt und dem Norbert schöne Grüße von der Urmutter bestellt. Daran sieht man, dass sie den Typen gemocht hat, sie hat den Norbert immerhin leben lassen. Auch für ihn ist das heutige Best-case-Szenario La Gomera.

Wisst ihr, ihre Liebe ist in etwa wie der berühmte Reissalat Hawaii, den sie immer für Partys macht (Rezept im Anhang) – eine undurchsichtige, rötliche, fettige Masse, die du verschmähst, aber nur, weil du noch nicht davon gekostet hast. Probier ihn ein einziges Mal, und du wirst sofort süchtig. Hannelore, das Heroin der Erleuchteten.

4. LUFT

Wenn man unterdrückt wird, fällt einem das meistens erst mal nicht auf. Die Macht der Gewohnheit, Normalität genannt, ist groß. Wird einem die eigene Unterdrückung jedoch bewusst, meistens anhand von Kleinigkeiten, dann sieht man sie plötzlich überall. Die Matrix wird sichtbar, und die rote Pille ist grausam. Die erahnte Freiheit ist grausam.

Wenn Freiheit bedeutet, eigenständig entscheiden zu können, und das, was dich daran hindert, die eigene Psyche ist, was willst du dann machen? Wenn du dein eigenes Gefängnis bist? Die Hölle, das sind nicht die anderen, die Hölle, das ist man vor allem selbst, nachdem die Hannelore jahrelang dein Gehirn gewaschen und gefickt hat.

Wie entkommst du der Hölle deines Ursprungs? Psychoanalyse? Nine years and counting, es ist wohl die lachhafteste Erfindung der Menschheit.

Wenn du weggehst von der Erzmutter, verfällst du früher oder später (später bedeutet im Schnitt zwei Monate) in schwere Depression. Du willst vielleicht nicht unbedingt tot sein, aber so leben willst du auch nicht.

Du strebst zurück zu ihr, zurück nach Hause, zurück dahin, wo alles gut ist. Jedenfalls verkauft es dir dein Gehirn so oder der Dämon, den Hannelore da gepflanzt hat.

Und zwischen den Optionen Sterben und Hannelore ist die Mutter doch die bessere. In der schweren Depression wird dir bewusst, was für ein atemberaubender Mensch sie ist, ein Teufelskreis aus abartiger Abhängigkeit, Medizin und Krankheit zugleich. Wie sehr sie leuchtet im Vergleich zur restlichen Welt. Was für eine Rabentochter du bist, je anders gedacht zu haben, die Reue packt dich, Panik vor Verlust und der unbedingte Wille zur Wiedergutmachung. Dann nimmst du die Füße in die Hand und bist schneller in Bayern, als du das Wort Hexe aussprechen kannst.

Das vernichtende Chaos, das sie ist, erscheint dir wie die größte göttliche Kraft. Dass sie gänzlich ungebildet und desinteressiert an tagespolitischem Geschehen ist, ist plötzlich nicht mehr wichtig, stattdessen ist diese Mischung aus Bäuerinnenschläue und street wiseness beeindruckend, mit denen sie die Leute abzockt. Wärst du nur so wie sie, du hättest das Leben im Griff, nicht das Leben dich. Im Dauerschmerz, in der Agonie der Depression, erkennst du nicht, dass jedes Zurückkehren zwar Salbe aufs Herz, aber noch viel mehr Salz in die Wunde bedeutet. Es tut so weh, wie es guttut. Ein Mops kam in die Küche und …

Es glaubt einem ja keine, was da abgeht, wenn man nicht selbst drinsteckt, in diesem Nest voll scheinbarer Widersprüche, die aber in Wirklichkeit ein haarscharfes Netz der Manipulation bilden.

Das Ausgesaugtwerden ist zermürbend, das Sich-dagegen-Wehren kostet noch mehr Kraft. Wie eine Vergewaltigung, die man einfach über sich ergehen lässt, damit es schneller vorbei ist. Man koppelt sich ab vom eigenen Leben und nimmt sich selbst und den Schmerz des Lebens nur noch durch eine Decke wahr.

Ich kann verstehen, dass man irgendwann einfach aufgibt. Sich in die betäubende Wohligkeit der Matrix begibt, das Spinnennetz der Schuldgefühle.

Liebste Hannelore, es tut mir so leid, Hannelore, bitte verzeih mir, Hannelore, bitte liebe mich, nimm mich auf, friss mich, mach, dass es vorbei ist.

Ich habe kein Ich, ich bin kein Ich, Ich ist ein Produkt der Hannelore.

Aber dieses Produkt, es ist schlau, danke dafür, Hannelore. Es hat ein Schlupfloch gefunden, es hat ein Alter Ego erschaffen. Und so ist ein separates Ich entstanden, eine Kunstfigur namens SOPHIA SÜSSMILCH, eine Galionsfigur der vierten feministischen Welle.

Und weil diese Süßmilch durchaus handlungsfähig ist, hat sie diverse Pläne geschmiedet, der Urmutter, Erdmutter, Erdnussbuttermutterfotze zu entkommen:

- Umzug an irgendeinen Ort wie Frankfurt am Main (dort dann einfach deprimiert sein wegen Frankfurt, nicht wegen Mama)
- den eigenen Tod durch Krokodilselbstmord vortäuschen in Thailand (ich hasse Hitze)
- irgendwen heiraten in Liechtenstein (wo ist eigentlich Liechtenstein?)
- Einsamkeit am Attersee (aber wer tut das freiwillig)
- ins Frauenhaus abhauen (sie wird mich finden, no chance)

Ach, es sind im Grunde einfältige, kleingeistige Ideen, die einem Übermenschen wie der Hannelore nicht gerecht werden.

Das Einzige, was ich tun kann, ist, dem Feminismus öffentlich abzuschwören, alles zu erzählen in dieser Schrift, meine Sippe zu verraten. Der Verrat muss funktionieren, denn der Feminismus ist ihre Achillesferse. Ihre Erstgeborene, ihre auserwählte Nachfolgerin muss es sein, die sie vernichtet.

ICH, SOPHIA SÜSSMILCH.

Die Flucht nach vorne, das Messer direkt ins Herz dieses Verbandes stoßen. Bloßstellen, das Miststück. Hörst du mich, du Miststück? Dich, die Matriarchin, bin ich gekommen, um zu töten und mit dir dieses Pseudomatriarchat, du Schandfleck namens Feminismus!

Wenn ich das hier schreibe, so kann ich aus vollem Herzen versichern, dass diese krankhafte Denke, die sich Feminismus nennt, nichts weiter ist als ein Aufgeilen daran, andere fertigzumachen, um sich selbst aufzuwerten. Ich gestehe dies, aus dem Herzen der Sache. Ich weiß, wovon ich rede, ich habe es mit der Muttermilch aufgesogen. Die Hirne dieser Weiber, dieser sogenannten Feministinnen, sie sind kaputt.

Elaboriertes Gelaber hin oder her, Feminismus, das ist Faschismus.

Liebe ist Missbrauch.

Ich habe der Hannelore diese Abrechnungsschrift persönlich gegeben, sie um ihre Meinung gebeten. Ich will ihr von Angesicht zu Angesicht entgegentreten und ihr bei ihrer Zerstörung zusehen.

Wirklich toll, wie fantasievoll du bist, sagt die Hannelore. Das hast du von mir.

Ich wünschte, du wärst endlich tot, sage ich.

Vergiss niemals, dass ich dich liebe, sagt sie, und ich schwöre, sie schwebt dabei drei Zentimeter über dem Boden.

JULIA KORBIK
DREIZEHN

Das Licht, das durch das Fenster auf die Bettwäsche fällt, ist eindeutig Frühlingslicht. Aprilmorgen-Licht. Milchig, aber kräftiger als noch vor ein paar Wochen. Yella beobachtet das Licht, wie es auf einer Achse vom Fenster zu ihrem Bett tanzt. Die Vorhänge hat Yella am Vorabend nicht zugezogen, sie wollte von genau diesem Licht geweckt werden, dem Licht, das jeden Morgen pünktlich um kurz vor sieben durchs Fenster lugt. Yella kneift die Augen zusammen. Jeden Moment wird es so weit sein, sie hat bereits ein Rascheln vor ihrer Zimmertür gehört. Yella fühlt sich, als sei sie ein einziges großes Ohr, als sei jedes Geräusch viel lauter als sonst. Wieder ein Rascheln. Sie hält es nicht mehr aus, öffnet kurz das linke Auge, ganz kurz nur, und sieht, wie der Türgriff nach unten geht. Los, Auge wieder zu, schnell, schnell.

Ein kurzes Räuspern, dann fängt ihre Mutter an zu singen: »Zum Geburtstag viel Glück, zum Geburtstag viel Glück.«

Ihre Stimme ist konzentriert, man merkt ihr an, dass sie normalerweise nicht zum Singen eingesetzt wird. Yella öffnet die Augen, erst das eine, dann das andere, und versucht, verschlafen zu gucken. Ihre Mutter steht im Türrahmen, in den Händen hält sie einen Kuchen – hoffentlich Käsekuchen, denkt Yella – mit Kerzen darauf.

»… zum Geburtstag alles Liebe, zum Geburtstag viel Glück.«

Yella setzt sich auf und reibt sich die Augen, immer noch in ihrer Rolle der soeben Erwachten. Ihre Mutter hält ihr den Kuchen hin, Yella pustet. Sie muss ganz schön tief Luft holen, dreizehn Kerzen sind doch ziemlich viel. Als alle Kerzen ausgeblasen sind, stellt Yellas Mutter den Kuchen auf dem Schreibtisch ab. Dann setzt sie sich zu Yella aufs Bett und nimmt sie in den Arm.

»Meine große Tochter«, sagt sie.

»Ich bin gar nicht so groß«, sagt Yella. Das stimmt, ein Meter dreiundsechzig ist nicht groß.

Ihre Mutter lächelt und drückt Yella fest an sich: »Egal, für mich bist du trotzdem meine große Tochter.«

Eine Weile sitzen sie einfach so da, Yella an ihre Mutter gelehnt, mit dem Kopf in der Kuhle zwischen Schulter und Hals. Das fühlt sich zwar schön an, doch Yella ist unruhig. Geburtstag haben, das bedeutet Geschenke, aber die gibt es erst beim Frühstück. Solange Yella und ihre Mutter noch auf Yellas Bett sitzen, gibt es kein Frühstück, und damit keine Geschenke. Ein bisschen schämt Yella sich für diesen Gedanken. Schließlich ist sie seit Mitternacht ein Teenager, praktisch erwachsen. Und als Praktisch-Erwachsene findet man Geburtstage nicht mehr so wichtig. Zumindest sagt Yellas Freundin Charlotte das, aber die ist bereits vor ein paar Monaten dreizehn geworden und hat außerdem schon ihre Periode und Körbchengröße 75B. Yella hat weder ihre Periode noch eine nennenswerte Oberweite. Sie hat noch nicht einmal angefangen, sich die Beine zu rasieren. Sie nimmt sich vor, Charlotte nicht zu erzählen, dass sie am

Morgen ihres dreizehnten Geburtstags im Bett auf ihre Mutter gewartet hat und vor Aufregung hätte platzen können.

»Na komm«, sagt Yellas Mutter schließlich, »die anderen warten schon.«

Im Gemeinschaftsraum wird noch einmal gesungen. Diesmal: Heute kann es regnen, stürmen oder schnei'n. Marie singt wie immer besonders laut, und Hadiya dirigiert den Geburtstagschor mit übertriebenen Gesten. Fast alle aus der Hausgemeinschaft sind da: Marie und ihr Ehemann, Yellas Onkel Felix, mit den Töchtern Frieda und Jule, Hadiya und Simone mit ihrem Sohn Nils, Ines und ihre Kinder Ava und Noah, und Luzie. Es fehlen: Luzies Ehemann Philipp, der immer früh zur Arbeit muss; Nadine, die auf einer Fortbildung ist; und Flo, der gerade mit seinem neuen Freund Urlaub macht. Auf dem großen Holztisch stehen frische Brötchen – Luzie, die so etwas wie die gute Seele des Hauses ist und von allen nur »Mutti« genannt wird, muss sie besorgt haben. Nach der Reihe wird Yella in den Arm genommen, oh, wie groß du bist, sagen die Frauen, und die Kinder rollen mit den Augen, weil Erwachsene immer so peinlich sind. Yella isst ein Stück von ihrem Geburtstagskäsekuchen und packt Geschenke aus: Bücher, ein bedrucktes Seidentuch, ein Kinogutschein. Wie gut es ist, denkt Yella, in den Schulferien Geburtstag zu haben, denn so hat sie Zeit, sie kann sich Zeit nehmen. Im Gegensatz zu den Erwachsenen, die nach und nach aus dem Zimmer tröpfeln, um sich auf den Weg zur Arbeit zu machen, im Auto, der U-Bahn, oder bloß durch die Tür und in die eigene Wohnung, an den eigenen Schreibtisch. Auch Yellas Mutter muss los in ihre Praxis, sie ist Physiotherapeutin.

»Papa meldet sich im Laufe des Tages«, sagt sie, »und

natürlich kommt er heute Abend zu deiner Feier.« Yella
sieht zu, wie ihre Mutter alles, was sie für den Tag braucht,
in eine große Schultertasche packt. »Denk dran: Gerti wartet auf dich.« Yellas Mutter platziert einen Kuss auf Yellas
Scheitel und greift nach ihrem Schlüssel. »Bis heute Abend,
meine Große. Ich versuche, früh Schluss zu machen, ja?«

Yella nickt. Sie denkt: Heute Abend. Heute Abend!

Gertis Wohnung ist im Erdgeschoss, direkt gegenüber vom
Gemeinschaftsraum, weil Gerti im Rollstuhl sitzt, und es
so für sie am einfachsten ist. Genauso wie für den Pflege-
dienst, der morgens und abends kommt. Damit sie nicht
alleine ist, wird Gerti mehrmals in der Woche in ihrem
sperrigen Pflegebett in den Gemeinschaftsraum geschoben.

»Mittendrin statt nur dabei«, sagt Gerti dann. »Wenn das
mal nicht zu viel ist für diesen alten Körper.«

Wenn sie lacht, sieht sie viel jünger aus als siebenund-
achtzig. Ihr Gesicht wirkt dann entknittert und weich. An
guten Tagen erzählt Gerti von früher, von ihrem verstorbe-
nen Mann Heinz und ihrer Tochter, die in den USA lebt,
weit weg, und zu der Gerti kaum Kontakt hat. Davon, wie
es war, damals, vor vierzig, fünfzig, sechzig Jahren. An den
schlechten Tagen, wenn die Schmerzen in den Beinen zu
stark sind, bleibt Gerti in ihrer Wohnung. Sie ist dann ge-
reizt und ruhelos, man kann ihr nichts recht machen. Sie
weint und schämt sich dafür. Ich bin so nutzlos, sagt sie,
ihre Stimme klingt klein und erschöpft.

Heute ist ein guter Tag, denn als Yella an Gertis Wohnungstür klopft, hört sie von innen ein kräftiges: »Herein.«

Gerti sitzt aufrecht im Bett, jemand, wahrscheinlich
Marie, hat ihr das Haar in einer fluffigen Tolle in die Stirn
frisiert und ihr eine Perlmuttbrosche an ihren Pullover ge-

heftet. Es riecht nach Nelken, Gertis Lieblingsblumen, und frisch bezogenem Bett. Aber auch nach etwas Süßlichem, gemischt mit dem sterilen Duft von Desinfektionsmitteln und Medikamenten. Der Geruch von Krankheit.

»Alles Gute zum Geburtstag, meine Lieblings-Yella«, sagt Gerti und streckt ihre Arme aus. Yella geht zum Bett und drückt sie, nicht zu fest.

»Und, wie fühlst du dich als Dreizehnjährige? Anders als gestern?«

Es ist die Frage, die Gerti Yella an jedem Geburtstag stellt: Fühlst du dich anders, jetzt, wo du ein Jahr älter bist?

Ich sollte mich anders fühlen, will Yella sagen. Ich bin dreizehn, kein Kind mehr. Doch als ich heute Morgen in den Spiegel geguckt habe, sah ich aus wie immer. Eher wie zehn statt wie dreizehn, und ganz sicher nicht fraulich. In meinem Gesicht ist alles weich und kindlich.

»Ich bin immer noch die Alte«, sagt Yella, weil sie weiß, dass Gerti sich über diese Antwort freut, vielleicht, weil sie schon so alt ist: Sie mag keine Veränderungen. Besser alles bleibt, wie es ist. Besser, sie bleibt, wie sie ist.

Gerti mustert sie durch ihre goldgerahmte Brille: »Dreizehn, das ist etwas Besonderes.« Sie stößt etwas aus, das wie ein Seufzer klingt. »Es ist schon so lange her, dass ich selbst dreizehn war.«

Yella rechnet im Kopf, das dauert ein bisschen, und kommt auf vierundsiebzig Jahre. Vor vierundsiebzig Jahren war Gerti genauso alt, wie sie es jetzt ist. Yella hat Fotos von Gerti gesehen, von früher. Nun schiebt sie gedanklich das Gesicht der jungen Gerti, einer faltenfreien, vollwangigen Gerti, über das Gesicht der alten Gerti, bis sie genau übereinanderliegen. So vieles in Gertis Gesicht hat sich verändert, ist härter oder weicher geworden, aber die Augen, die Augen sind noch dieselben. Yella hört, dass Gerti mit ihr spricht, doch sie nimmt die Worte nur gedämpft wahr, als würde Watte in ihren Ohren stecken. Es passiert ihr öfter, dass sie aus der Realität in ihre Gedankenwelt gleitet, unbewusst. Mühelos. Meine kleine Träumerin, sagt Yellas Mutter dann. Doch das Ganze hat nichts mit Träumen zu tun, nicht wirklich. Das Innere ihres Kopfes ist für Yella schlicht ein Ort, an dem sie ganz bei sich sein kann.

»… anders«, sagt Gerti. »Nicht so wie heute.«

»Heute«, wiederholt Yella. Sie lässt das Bild von Gerti in ihrem Kopf zurück und kneift die Augen zusammen. Einmal, zweimal, dann ist sie wieder da.

»Ja«, sagt Gerti. »Damals hat man als Kind noch mit seinen Eltern zusammengewohnt. Nur mit seinen Eltern, stell dir das vor! Dass die Eltern nicht zusammenlebten, das gab es zwar auch, aus beruflichen Gründen zum Beispiel, aber die Regel war das nicht. Und wenn man als Eltern getrennt wohnte, ging die Fragerei los: Ist alles in Ordnung in eurer Beziehung und so weiter.«

Einmal, vor ein paar Jahren, hat Yella ihre Mutter gefragt, warum ihr Vater nicht bei ihnen wohnt.

»Weil es so am besten ist«, hatte Yellas Mutter gesagt.

»Warum?«, fragte Yella.

»Weil ein gemeinsamer Haushalt oft stressig ist, gerade wenn man in einer Beziehung ist. Es ist einfacher, sich zu lieben und großzügig miteinander umzugehen, wenn man nicht zusammenwohnt.«

»Aber mit Hadiya und den anderen streitest du dich doch auch manchmal.«

Yellas Mutter lachte: »Das stimmt, das lässt sich nicht vermeiden, wenn man sein Leben miteinander teilt. Aber es ist trotzdem etwas anderes, denn obwohl ich unsere Mitbewohnerinnen und Mitbewohner liebe, bin ich nicht in einer romantischen Beziehung mit ihnen. Das macht vieles einfacher.«

»Aber Onkel Felix lebt doch auch mit seiner Familie zusammen.«

»Ja, weil Felix und Marie sich bewusst dafür entschieden haben und es für sie funktioniert. Aber grundsätzlich machen es viele Paare heute so wie Papa und ich. Ines und ihr Partner Robert zum Beispiel. Für mich war klar, dass ich in einer Gemeinschaft wohnen will. Hier teilen wir die Aufgaben, wir entscheiden zusammen über die Dinge, die wichtig sind. Dein Papa ist nicht so der WG-Typ.«

Yella überlegte. »Liebst du Papa?«, fragte sie.

Ihre Mutter sah überrascht aus: »Natürlich liebe ich Papa. Aber Liebe hat viele Seiten, und manchmal liebe ich Papa eher freundschaftlich, und manchmal, da will ich richtig mit ihm zusammen sein. Ihm geht das genauso. Verstehst du, was ich meine?«

Yella nickte. Sie war stolz, dass ihre Mutter mit ihr ein so dermaßen wichtiges, erwachsenes Gespräch führte.

»Hättest du denn gerne, dass Papa bei uns wohnt?«, fragte Yellas Mutter. Sie klang jetzt etwas verunsichert.

Yella dachte an die gemeinsamen Essen mit der Hausgemeinschaft, die Fernsehabende mit Frieda und Jule, die Physik-Nachhilfe bei Onkel Felix, und daran, dass Nadine sie immer ihr Schmuckkästchen durchwühlen ließ, wenn sie Lust darauf hatte. Sie schüttelte den Kopf.

»Es gibt dieses afrikanische Sprichwort ... Man ... Es ... es braucht ...« Ungeduldig schaut Gerti zum Fenster, überlegt. Sie hat das manchmal, dass ihr Dinge nicht mehr einfallen, oder sie etwas länger braucht, um das zu sagen, was sie sagen möchte. In solchen Situationen wartet man am besten, bis Gerti weiterspricht. Weil sie sich sonst noch mehr über sich selbst und ihr nachlassendes Gedächtnis ärgert, sich alt und langsam fühlt. Senil.

»Es … ah, jetzt hab ich's: Es braucht ein ganzes Dorf, um ein Kind zu erziehen. So. Genau.« Gerti lehnt sich zufrieden zurück. »Weißt du, was das heißt?«

»Dass man viele Menschen braucht, um sich um ein Kind zu kümmern?«, sagt Yella.

»Ja. Weil Kinder viel Arbeit sind, und man diese Arbeit nicht nur den Eltern überlassen sollte. Das gilt natürlich auch für die Alten. Alte sind viel Arbeit … Schau nur mich an.«

Yella schaut. Schaut auf Gertis Körper, so klein und zäh, auf den Teil der Bettdecke, unter dem ihre geschwollenen, schmerzenden Beine liegen, auf die knotigen Hände mit den hellbraunen Altersflecken, die noch bis vor einigen Monaten so emsig waren, strickten, Yellas hellbraune Haare zu einem langen Zopf flochten.

Gerti redet weiter: »Als ich jung war, kamen alte Leute ins Heim, wenn es zu Hause nicht mehr ging.«

»Aber«, sagt Yella, »warum haben denn die alten Leute nicht in Wohngemeinschaften gelebt? So wie du?«

»Es waren einfach andere Zeiten. Um die Kinder und die Alten hat sich die engste Familie gekümmert, vor allem die Frauen, unterstützt von Kitas und Pflegeeinrichtungen, und das wars. Damals hatten die meisten Menschen keine Marie, die ihre alte Tante zu sich geholt hat.«

Yella versucht, sich das vorzustellen. Als Kind nur mit seinen Eltern und Geschwistern aufzuwachsen, und als alter Mensch in eine Einrichtung mit lauter anderen alten Menschen gebracht zu werden. Wie traurig.

»Genug von den alten Geschichten«, sagt Gerti, »heute ist schließlich dein großer Tag.« Ihre rechte Hand schlüpft unter die Decke und taucht mit einem Päckchen wieder auf, klein, quadratisch und in dunkelgrünes Papier gewickelt. Sie lächelt verschmitzt, und für einen Moment sieht sie aus wie ein aufgeregtes Mädchen. Yella nimmt das Geschenk entgegen und hält es in der Hand. Gerti macht eine auffordernde Bewegung mit ihrem Kopf, die wohl heißen soll: Na los. Vorsichtig löst Yella den Tesafilm, mit dem die Ecken des Geschenks zugeklebt sind, und faltet das Papier auseinander. In der Mitte des Papiers: eine schlichte schwarze Schmuckdose, und in der Schmuckdose eine filigrane Goldkette mit einem runden Anhänger aus rosaweißem Stein.

»Das ist Rosenquarz«, sagt Gerti. »Meine ältere Schwester hat mir die Kette damals zu meinem dreizehnten Geburtstag geschenkt. Rosenquarz soll die Lebensfreude und Liebeskraft stärken, wenn man an so was glaubt.« Gerti glaubt offenbar nicht daran. »Aber das Wichtigste ist, dass er als Schutzstein gilt. Er hat mich beschützt, und jetzt soll er dich beschützen.«

Yella schluckt, sie weiß nicht, was sie sagen soll. Vorsichtig nimmt sie die Kette aus der Schatulle. Dann beugt sie sich vor und umarmt Gerti. Fest, ganz fest. »Danke«, sagt sie. »Danke.«

»Die Kette ist nicht viel wert«, sagt Gerti an Yellas Schulter.

Yella denkt daran, dass sie es kaum erwarten kann, heute Abend ihr neues Shirt anzuziehen, und dazu die Kette. Ihre Eltern werden da sein, ihre Freundinnen, und der Rest der Hausgemeinschaft. Ihre Familie. Ihr Dorf. Und Hadiya wird ihre klebrigen kleinen Köstlichkeiten gebacken haben, und Ines wird eine Playlist mit Yellas Lieblingsliedern vorbereitet haben. Und es wird Alkohol geben für die Erwachsenen und Bowle für die Kinder, und vielleicht einen kleinen Schluck Sekt für Yella, weil es ihr

Geburtstag und sie dreizehn Jahre alt ist. Und sie werden tanzen und reden und lachen. Und da wird Gerti sein, in ihrem Bett, in ihrer besten Bluse. Und Yella wird mit ihrer Hand nach der Kette suchen und sie fest umfassen. Und sie wird denken, dass es vielleicht doch möglich ist: dass sie sich doch verändert hat, sich verändern kann. Und es wird die letzte Feier mit Gerti sein: Einen Monat später wird es Gerti plötzlich sehr schlecht gehen, sie wird mit einer akuten Lungenentzündung ins Krankenhaus kommen. Und sie wird die Erste aus Yellas Familie sein, die stirbt. Und Yella wird den Rosenquarz in der Hand halten und sich daran erinnern, wie Gerti ihr den Stein gab. Wie Gerti sagte, dass dreizehn etwas ganz Besonderes ist.

NICOLAS MAHLER
DIE VERLEGERIN

Da ist zwar auch die Mutter schuld, aber der Autor ist wenigstens erst 19.
Wenn SIE so was schreiben, schüttelt man nur den Kopf.
Obwohl, das tut man sowieso.
Immerhin müssen wir uns um Sie keine Sorgen machen.
Ihre Frau verdient doch gut, oder?

Ach ja, und grüßen Sie
Ihre Frau von mir!

Ich finde sie
G-E-N-I-A-L!

mahler

GERTRAUD KLEMM
DER FEUCHTE TRAUM

»Die vielleicht größte Herausforderung für denkende Frauen ist die Aufgabe, den Wunsch nach Sicherheit und Zustimmung hinter sich zu lassen und die ›unweiblichste‹ aller Eigenschaften zu entwickeln – intellektuelle Arroganz, die höchste Form der Hybris, die sich das Recht zubilligt, die Welt neu zu ordnen.« Gerda Lerner, *Die Entstehung des Patriarchats*

Es ist ein rührendes Video und dauert keine zwei Minuten. Das Seepferdchen streckt sich nach hinten, dann krümmt es sich wieder ruckartig vornüber, als hätte es Bauchweh. Und dann spritzt aus der kleinen Öffnung an der Bauchmitte ein Wölkchen kleiner Seepferdchen. Wieder und wieder die Streckung, der Krampf, der Schwall. Bis zu zweitausend Junge entbindet das Seepferdchen hier mutterseelenallein, denn die Kindsmutter ist nirgendwo zu sehen. Es ist der Vater, der hier gebärt.

Warum?

Ich habe Biologie studiert, viel feministische Literatur gelesen und ein paar feministische Romane geschrieben; trotz allem lässt auch mich meine patriarchale Sozialisie-

rung stutzen und rätseln. Warum tut sich Herr Seepferdchen das an, was sich der Rest der männlichen Tierwelt
erspart? Warum ist er nicht stattlicher Seehengst geworden,
schwingt seine prächtige Mähne unbeteiligt in der Meeres-
strömung und überlässt die Mühen der Geburt dem Weibchen, wie sich das gehört?

Ist es nicht üblich, dass die Männchen das buntere Fe-
derkleid, das imposantere Auftreten haben? Ist ihre Aufgabe nicht damit getan, mit blauen Gesäßen, langen Nasen,
leuchtenden Blähorganen und bizarren Tänzchen um die
Aufmerksamkeit der Weibchen zu buhlen, »ihre Samen zu
verbreiten« und sich dann schleunigst aus dem Staub zu
machen, bevor die Kleinen nach Futter, Liebe oder Unter-
haltszahlungen schreien?

Das Seepferdchen hat sich zumindest nicht überstürzt
seinen Rollenwechsel eingebrockt. In den letzten fünfund-
zwanzig Millionen Jahren, nachdem es sich von den Bar-
schen wegentwickelt hat, also innerhalb derselben Zeit-
spanne, in der Säugetiere und Vögel eine unglaubliche
Diversität hervorgebracht haben, hat das Seepferdchen an
nichts anderem als einer optimalen Version seiner selbst ge-
feilt. Das Abstreifen der Bauchflosse und daraus resultierende
aufrechte Stehen im Wasser hilft etwa, von Räubern weder
als Fisch noch Fleisch in Betracht gezogen zu werden. Und
dann ist die Sache mit der Bauchtasche und der Prolaktin-
Hormonproduktion. Irgendwas daran hat sich bewährt.

Seepferdchen sind erfolgreich, beherrschen jetzt aber
nicht die Welt, doch wer will das schon. Die Welt zu beherrschen ist nämlich ein überaus unnatürliches Prinzip,
genauso wie Nicht-genug-Kriegen, Mehr-nehmen-als-
notwendig und Sich-selbst-das-Wasser-abgraben. All das
sind Eigenschaften, die dem Krebsgeschwür vorbehalten
sind. Und Homo Sapiens.

Bei meiner ersten Recherche auf der Suche nach matriarchalen Tieren stoße ich auf einen Beitrag über Zebramangusten. Dort haben »Weibchen [...] das Sagen, was sie auch in vielerlei Hinsicht ausnutzen«. Bei den Tüpfelhyänen klingt das so: »Bei diesen Tieren sind Männchen zum lebenslangen Schleimen verdammt.« Und weiter: »Das ranghöchste Männchen hat weniger zu sagen als das rangniederste Weibchen. Seit mehr als einhundert Jahren rätseln Biologen über Gründe dafür.«

Sapperlot! Was ist das für eine Sprache?, frage ich mich. Wenn Weibchen, die gar nicht sprechen können, das Sagen haben, verrät uns das mehr über die Urängste des Autors als über die Biologie der Tiere. Die Sprache der Berichterstattung entlarvt die patriarchalen Ängste und deckt das misogyne Unbehagen auf, das der Autor mit matriarchalen Systemen hat, oder, sagen wir: mit allem, was nicht patriarchal ist.

Nicht nur das Seepferdchen wird in prätentiösen Bildern als lächerliche Karikatur der Männlichkeit inszeniert. Auch der Tiefsee-Anglerfisch, der dazu verdammt ist, als lächerlicher Zwerg am Weibchen festgewachsen zu sein. Oder aber die Tüpfelhyäne: hässlich, lesbisch, clever, verschlagen, in Matriclans organisiert ... und obendrein hat sie auch noch eine Klitoris, die so lang ist, dass sie mit einem Penis verwechselt werden kann! Bei solchen anatomischen Verirrungen kann der Penetrationsakt nur zum Albtraum geraten. Bis zu dreißig Mal müsse das arme, unterdrückte Männchen aufspringen, lese ich; immer wieder purzle und stürze es von der Hyänenfrau herunter, bevor es »endlich einfädeln« könne. Und, in einem Nebensatz: Diese Klitoris mache eine Vergewaltigung schier unmöglich! Die Empörung darüber, dass nicht mal eine Vergewaltigung drin ist, macht die Hyäne zum unumstrittenen Angsttier des Patriarchats – und den Autor zum Anwalt von Letzterem.

Natürlich gibt es im Tierreich (wie im Pflanzenreich) das Bestreben, die eigenen Gene weiterzugeben, Territorien zu bewahren, und es gibt Konkurrenz um Ressourcen. Aber »die Natur« mit unserem gesellschaftlichen Verständnis als Spiegel unserer Geschlechterstruktur sehen zu wollen, heißt nichts anderes, als ihre Komplexität entweder nicht zu kennen oder zu beleidigen. Das beginnt mit der Auswahl der Tiere, die zum Vergleich mit »uns« herangezogen werden. Fast immer sind es Säugetiere oder Vögel, die es so machen »wie wir«. Die Auswahl speist sich aus den gängigen Informationsquellen: Schulbildung, Populärwissenschaft, Naturfilme. Wir lernen eben am meisten über Tiere, die sich auf uns beziehen lassen: Haustiere, Zootiere, Nutztiere, Gifttiere, gefährdete Tiere und Tiere, die uns unterhalten dürfen.

Wer eine patriarchale Kultur perpetuieren will, muss früh beginnen. Am effektivsten geht das mit Geschichten und von klein auf. 87 % der Tierfiguren im deutschen Kinderfernsehen sind männlich, und auch im Zeichentrickformat spielen die Tierfrauen entweder die Zicken, die Lolitas oder die Muttis. Egal, ob *König der Löwen*, *Ice Age* oder *Madagaskar*: anstatt Löwinnen und Mammuts nach realem Vorbild als Frauenherden mit gelegentlichem Männerbesuch darzustellen, werden testosterontriefende Vater-Sohn-Plots erzählt, männliche Thronfolgen vorgegaukelt und kitschige Frauen-Beschützermythen genährt. Hier wird auch schon der selektive Blick auf eine kleine Tiergruppe gelehrt. Seit ich mit meinen Kindern in den Zoo gehe, frage ich mich, warum alle Kinder die immer selben Tiere sehen wollen. Sie pfeifen auf das langweilige Zwerg-Aguti, das am Rande des Zoos reglos im Gebüsch kauernd sein uninteressantes Leben fristet. Stattdessen rennen sie sofort zu den Superstars: zu den Elefanten, Löwen, Mähnenrobben, Erdmännchen, Pandas, Kattas. Süß müssen sie sein, die Tiere, oder groß, stark, gefährlich, und: vertraut. Die größten Begeisterungsstürme ernten die Tiere, wenn sie menscheln: wenn sich das Löwenbaby an seine Mutter schmiegt. Wenn der blade Panda im Käfig sitzt und seinen Bambus kaut, als säße er mit Chips und Bier vor dem Fernseher; wenn die Mähnenrobbe scheinbar zum Spaß die Stufen raufwatschelt, um danach ins Wasser zu platschen und uns alle nass zu spritzen.

Wir wollen eine Beziehung herstellen, uns wiedererkennen, uns zumindest ekeln oder fürchten. Nicht nur im Zoo, auch vor dem Fernseher. Wir wollen auch in Naturfilmen berührt werden, und deswegen werden uns Geschichten erzählt: vom Gewinnen und Verlieren, Fressen und Gefressenwerden, von verlassenen Babys, aufopferungsvollen Weibchen und kämpfenden Männchen, und nicht zuletzt von lebenslang treuen Vogelpärchen.

Man könnte natürlich auch die Geschichte der Eintagsfliege erzählen, die ihr mehrjähriges Leben als Larve unter einem schleimigen Stein Algen abschabt. Wie sie sich als erwachsene Imago mit Milliarden anderen Eintagsfliegen flussaufwärts gegen den Wind quält, sich nebenbei unromantisch im Flug paart, um dann ihre Eier ins Wasser zu legen, bevor sie im Mutterglück verhungert. Aber es wäre eine langweilige Insektengeschichte ohne Drama, ohne Fressen, Lieben, Verlassen und Kämpfen, mit der man niemanden unterhalten kann.

Wir werden patriarchal regiert, wir wollen auch patriarchal unterhalten und gebildet werden.

Wenn das Tierreich unbedingt unsere Gesellschaftsstruktur spiegeln soll, müssen wir uns aber zuerst der (Un-)

Wichtigkeit unserer Art bewusst werden. 8,7 Millionen Tier- und Pflanzenarten gibt es auf der Welt, die Hälfte davon sind Insekten und Spinnentiere. Die Säugetiere machen nur fünftausendfünfhundert Arten aus, die Vögel etwa zehntausend Arten. Es gibt Tiere, die Brutpflege betreiben, und solche, die es nicht tun. Die meisten Arten leben nicht »wie wir« in kleinfamiliären, heteronormativen Verbänden. Es gibt nämlich viel mehr als das. Es gibt die Parthenogenese der Wasserflöhe, die gar keine Männchen mehr brauchen. Es gibt Staaten bildende Insekten (Ameisen, Bienen und Termiten), bei denen nur eine Handvoll Männchen zur Paarung gebraucht wird. Es gibt Herden bildende Elefanten, Makaken, Bisons, und Löwen, die bestenfalls »Koalitionen« mit Männchen eingehen. Die Annahme, dass qua natura »die Männchen« irgendetwas über »die Weibchen« zu sagen hätten, ist nicht mehr als ein feuchter patriarchaler Traum.

Die meisten Tierarten brauchen überhaupt keine patriarchale oder matriarchale Ordnung, weil sie nicht nur kein Bewusstsein und keinen Besitz haben, sondern auch keine Bindung eingehen, die eine Ordnung via Vater- oder Mutterrecht notwendig macht. Ein Fliegenmännchen, das einen wenige Sekunden dauernden Paarungsakt vollzieht, macht noch keinen Vater, und ein Fliegenweibchen, das seine Eier in ein vor sich hin gammelndes Kotelett legt, noch lange keine Mutter. Und ein Eigelege oder eine Bruthöhle sind kein Einfamilienhaus, das in einer Erblinie an die nächste Generation weitergegeben werden müsste.

Ja, es gibt »Das Patriarchale« in der Natur. Männchen unterwerfen, beißen, lauern, tricksen und schummeln ihre verschiedentlichst geformten und beschaffenen Penisse irgendwie in die weiblichen Geschlechtsöffnungen, ohne sich um die Nachkommen zu scheren. Ein Patriarchat, das unbedingt das Vaterrecht als Recht des Stärkeren (männlichen) über das Schwächere (weibliche) sehen will, wird mannigfaltig bestätigt werden. Durch marine Plattwürmer, bei denen Weibchen nicht einmal eine Geschlechtsöffnung haben und von Männchen in den Tod penetriert werden. Oder durch Otter, die Babys anderer Arten entführen und mit Nahrung freipressen. Oder Delfine, die Robbenjunge vergewaltigen, und Seelöwen, die sich an Königspinguinen vergehen. Aber es übersieht Insektenstaaten, die Männchen einfach verhungern lassen. Oder Eichkätzchenmamis, die ihre Kinder fressen. Oder Fische, die einfach ihr Geschlecht wechseln können, wenn es ihnen passt. Mutter Natur bedarf für ihre Ordnung weder unserer Klassifikation noch unserer Zustimmung. Wer patriarchale Prinzipien sehen will, sieht sie. Wer matriarchale Prinzipien sehen will, sieht sie. Wer aber wirklich verstehen will, darf nicht einäugig auf das Ganze zugehen.

Dass sich Stärke und Schwäche der Natur nicht immer im sportlichen Zweikampf ausdrücken, ist Sache der zeitlichen Perspektive. Nicht das Männchen oder Weibchen zählt, sondern der Fortbestand der Art. Nicht die kurze Strecke der Generation zählt, sondern der lange Atem der Evolution. Nicht nur die starken Muskeln zählen, sondern eben auch die praktische Bauchtasche. Die Natur ist eben nur dann eine gute Botschafterin, wenn sie nicht voreingenommen verstanden und übersetzt wird. Wenn ich heute neben meinem Sohn vor dem Fernseher sitze, und im Kinder-Naturfernsehen mir vornehmlich männliche Moderatoren erklären, was das Seepferdchen nicht für eine groteske Laune der Natur ist, und wenn der männliche Stofftier-Co-Referent sich dann auch noch dümmlich darüber lustig macht, dann sehe ich patriarchales Bildungsfernsehen. Denn der Part, der die Brutpflege übernimmt,

wird als entmannt und degradiert hingestellt. Die Gebärfähigkeit, die Verweiblichung, wird eindeutig als Schwäche dargestellt. In einer Kultur, die das Gebären schätzen,
schützen und feiern würde, wäre Kinderfernsehen sicherlich objektiver. Vielleicht reichte es aber auch, wenn wenigstens das Stofftier ein Weibchen sein dürfte. Bestimmt
aber wäre es besser und wissenschaftlicher, wenn die Forschung nicht seit Jahrhunderten patriarchal gesteuert wäre.

Die Geschichte der Wissenschaft war und ist nämlich
so voller Verachtung für das Weibliche, dass eine unvor-
eingenommene Beobachtung gar nicht möglich ist. Als
sich Anfang des 17. Jahrhunderts das mechanistische gegen
das alchemistische Weltbild durchsetzte, wurde das Weibliche systematisch abgewertet. Gesellschaft und Kirche zogen mit, und Kriege und Wirtschaft profitierten vom Patriarchat. Seitdem haben wir es mit einer einseitigen und
fehlerhaften Betrachtung des Weiblichen zu tun; auch der
wissenschaftliche Horizont ist eben immer nur so schmal
wie das Blickfeld des Betrachters.

Wie schmal, sieht man an all dem Unfug, der über
weibliche Geschlechtsorgane erforscht und behauptet
wurde. Die Vagina wurde anatomisch als Negativ des Penis
gesehen, und der Gedanke, dass Frauen etwas anderes als
Gefäß und Nährlösung sein könnten, kam den Forschern
gar nicht.

Und die Klitoris? Erst 1998 wurde sie in ihrer vollen
Größe entdeckt, und das, obwohl Hippokrates sie schon im
5. Jahrhundert vor Christus beschrieben hat. Immer wieder
flammten anatomische Erkenntnisse über sie auf (zum Beispiel bei Colombo/Fallopia im 16. Jahrhundert, oder 1844
bei Georg Ludwig Kobelt), aber in das Standardwerk *Gray's
Anatomy* schaffte sie es 1901 nur mehr als kleine Wölbung,
um 1948 wieder ganz daraus zu verschwinden.

Eine ernstzunehmende anatomische Beschreibung des zentralen, weiblichen Lustorgans hat also insgesamt zweitausendfünfhundert Jahre gedauert und war erst nach Mondlandung, Marssonde und Erfindung des Handys möglich. Was sagt uns das über die Objektivität der Wissenschaft?

Häme, Unwissen, Ablehnung: Das Matriarchat hat es nicht leicht in unserer Kultur. Dabei geht es in matriarchalen Manifesten um Geschlechtergerechtigkeit, ressourcenschonende Ökonomie und Regionalität. Es geht um Sozialreformen und Gemeinwohl, von dem Männer wie Frauen profitieren. Es geht um das Ende eines Superkapitalismus, der die Zerstörung des Planeten und das Leid vieler in Kauf nimmt, um sehr wenige sehr reich zu machen. Wer denkt, das Matriarchat sei ein Patriarchat mit umgekehrten Vorzeichen, geht oft davon aus, dass Frauen Männer genauso schlecht behandeln würden, wie Männer Frauen behandelt haben; allein schon diese Furcht stellt dem Patriarchat ein Armutszeugnis aus.

Ein neues Verständnis von Väterlichkeit ist längst in die Gesellschaft eingezogen. Es wird Zeit, sie auch in das Narrativ über die gute alte Natur mit einzubeziehen. Herr Seepferdchen könnte als Wappentier einer matriarchaleren Zukunft vorausschaukeln. Auch, wenn er sich um all das nicht kümmert, denn er hat gerade Wichtigeres zu tun: nämlich, zu gebären. Warum?

Weil er's kann.

ANKE STELLING
AUF DIE ART ENTKOMMST DU DEM NICHT

Wisst ihr: Es fällt mir schwer, über Herrschaft zu reden oder auch nur nachzudenken. Ich weiß schon, dass es nötig ist, schließlich ist niemand von uns allein. Wir sind aufeinander angewiesen und wollen ja auch Sachen zusammen machen, und schon ist da die Frage: Wer bestimmt? Trotzdem. Mir wärs am liebsten, wenn das Zusammensein einfach so funktionieren würde, ganz geschmeidig und deshalb unmerklich. Weil der Mensch gut ist und niemand Bock hat, andere zu quälen. Weil sich zumindest in diesem Punkt alle einig sind. Im Grunde kann ich auch nicht glauben, dass dem nicht so ist. Oder schon, also, dass der Mensch zum Beispiel faul ist und lieber will, dass wer anderes ihm was zu trinken holt. Aber dann setzt auch schon der Verstand ein und sagt ihm: »Hm. Das will der da drüben vermutlich auch. Also kriegt keiner was, oder wir gehen beide, oder wir wechseln uns ab.« Und weil es der Verstand ist, sagt er vielleicht noch: »Oder ich schau mal, wie ich den da drüben zwingen könnte«, aber dem Verstand fällt ein – weil er ja schlau ist –, dass der Verstand des anderen das eventuell auch gerade vorschlägt, weshalb es auf einen Kampf hinauslaufen würde.

Und weil der Mensch das nicht will, lässt er's bleiben, dazu muss er nicht mal gut zum andern sein, es reicht, dass er sich selbst im Sinn hat, aua. Und ja, ich weiß schon, es müssten sich nur zwei gegen einen zusammentun, oder der eine müsste einen Knüppel haben, den der andere nicht hat, aber da setzt es bei mir dann leider aus, weil, wie kann der eine denn sicher sein, dass der andere nicht auch noch wen hat, der gleich aus dem Busch springt, oder doch auch einen Knüppel oder sonst was irgendwo versteckt. Das ist doch alles Bullshit, da geh ich doch lieber rasch selbst. Oder frag einfach höflich, wie's aussieht.

Ihr merkt, ich bin sehr schnell genervt vom Thema Macht. Ich hab überhaupt keine Lust darauf. Nichts daran finde ich sexy, ich mag nicht darüber reden, und genau das könnte man jetzt typisch finden, typisch Frau.

Aber wisst ihr was: Ich mag auch nicht über Frauen reden. Ob die einparken können oder in Wahrheit klüger sind oder weicher oder wärmer oder, was weiß ich, Herrschaft als Thema zu wenig sexy finden. Denn ja, kann schon sein, aber ich will einfach nicht darüber nachdenken. Ich werde wahnsinnig müde davon. So müde, dass ich dann nicht mal mehr gehen und mir selbst was zu trinken holen kann, das muss dann jemand anderes machen, aber wer? Jemand, der gern darüber nachdenkt. Der hat dann auch gleich was zu tun auf dem Weg.

Denn wisst ihr was? Genauso mache ich das oft. Wenn ich was machen muss, worauf ich keine Lust habe, dann versüße ich's mir, indem ich über was nachdenke, das ich sexy finde. Das ist ein super Trick. Schwierig nur, wenn das, was ich machen muss, auch schon mit Nachdenken zu tun hat, dann kommen sich das Dienstleistungs- und das Ablenkungsdenken in die Quere, dann muss es sich abwechseln und ineinandergreifen, wie beim Reißverschlusssystem, sonst gibts Stau.

Beim Thema Frauen denke ich zum Beispiel gern an den Kugelmenschen. Der war den Göttern einfach zu mächtig in seiner Glückseligkeit und Verbundenheit mit den vier Armen und Beinen. »Teile und herrsche«, dachten die Götter deshalb, und − bamm! − irrten die Menschen in der Form, wie wir sie jetzt kennen, umher und suchten einander. Und dann war da aber auch noch Eros, ein junger, babygesichtiger Gott mit Flügeln, dem oft langweilig war. Der sah die Menschen und machte sich einen Spaß, indem er mit Pfeilen auf sie schoss, sodass sie einander fanden und verfielen, sich wieder zur Kugel vereinten und versuchten, ihrerseits Schöpfer zu werden. Das fand er unglaublich witzig.

Ich finds auch witzig. Obwohl ich nicht an Götter glaube, aber ich seh schon, wozu sie nützlich sind: Dass man in ihnen eine Erklärung findet und ein Beispiel hat und eventuell Trost. Weil man nicht mehr selbst die Verantwortung trägt.

Zwei von denen, die Eros getroffen hatte, waren Philipp und ich. Wir waren eigentlich schlau, kannten alle Mythen aus Comics und Filmen, dachten, wir stünden über den Dingen, und trotzdem hat es uns erwischt. Deshalb meinten wir − während Eros' Gift sich in uns ausbreitete −, uns vereinigen und ausbreiten zu müssen. Kann sein, dass es für Eros und die anderen da oben noch witziger ist, wenn sie solch schlauen Leuten wie Philipp und mir dabei zusehen, wie sie in die Falle gehen, Philipp und ich sind nämlich auch noch Mann und Frau, in der Falle der Familie also Vater und Mutter. Da lacht der liebe Gott, und Maria wundert sich. Welcher vernunftbegabte Mensch kann das riskieren? Aber wir hatten es riskiert, oder nein, ich sollte

bei Eros bleiben: Er war's. Er muss es gewesen sein, anders
lässt sich nämlich auch nicht erklären, warum ich ausgerechnet Philipp gewählt hatte, Moritz war genauso gut und
Jan Weber oder Florian Mayershäuser, oder auch Krassimir
Balakow vom VfB Stuttgart. Aber es war Philipp, von dem
ich dachte, er wäre was Besonderes. Der, der mich davor
bewahren könnte, die Version von Frau und Mutter zu
werden, die ich nicht sein wollte, und umgekehrt, ich ihn
vor allem Falschen als Vater und Mann. Und warum? Weil
wir auserwählt waren.

Wisst ihr: Seit ich zur Therapie gehe, weiß ich eigentlich, dass der Glaube, etwas Besonderes zu sein, Teil einer
kindlichen Überlebensstrategie ist. Er ist nichts weiter als
die Umwandlung eines Gefühls der Einsamkeit und des
Ausgeliefertseins in etwas leichter zu Ertragendes: »Hey!
Ich bin besonders, kein Wunder, dass mich niemand sieht
und versteht, und das macht mir auch nichts, denn zum
Glück bin ich so besonders, dass ich ganz allein damit zu-
rechtkomme, ihr könnt mich also alle mal, ciao.« Und dann
sitzt dahinten Philipp und blinzelt wütend seine Tränen
weg. »Hi!«, sage ich, und er: »'n Abend.« Das ist der Pfeil in
der Mythologie, und in der Psychologie ist es Projektion,
und wenn euch das alles zu doof ist, nennt es Liebe.

Wir machten jedenfalls Kinder und waren damit eine
Familie, und weil wir was Besonderes waren, war auch die
Familie, die wir gemacht hatten, was Besonderes. Was denn
auch sonst? Wir hätten sie sonst nicht ertragen geschweigen
denn verantworten können, wir mussten eine Art Urpaar
sein, ein großangelegtes, von Göttern überwachtes Expe-
riment wie damals Adam und Eva. Nur so konnten wir
damit klarkommen, dass niemand von uns noch irgendwas
verstand und es trotzdem unbedingt gutgehen musste, da
waren jetzt schließlich auch noch Klara und Paul, für die

wir die Verantwortung trugen. Dachten wir zumindest. In Wahrheit trugen die beiden sie natürlich längst selbst: indem sie dachten, sie wären was Besonderes.

Es ist kompliziert, ihr wisst das. Es ist übelst verheddert, und mit Schläue allein kommt man nicht durch. Also kann man entweder aufhören zu denken oder immer weiter denken, lesen, diskutieren, anderer Leute Ansichten und Ausführungen zurate ziehen, die Sparte wechseln, auf den Reißverschluss setzen. Ich bin nicht sicher, was das Zielführendere ist, aber ihr könnt euch denken, welchen Weg wir gewählt haben. Wir versuchten, mit möglichst viel Bewusstsein und Besserwissen unser Leben und die Familie zu führen, uns am Riemen zu reißen, weiterzugehen. Wir versuchten, uns und unsere Gefühle zu beherrschen.

Das Ganze ist ziemlich persönlich. Nie kann ich über was nachdenken geschweige denn berichten, ohne gleich persönlich zu werden. Kann sein, dass das das Süße ist, das ich mir gönne, vielleicht brauch ich's aber auch, um überhaupt was zu machen.

Hin und wieder überkam uns noch der Wunsch, herrschaftsfrei zu leben; eine Nachbarsfamilie hatte da diesen Sticker der Sozialistischen Jugend an ihrem Briefkasten kleben: »Herrschaftsfrei und Spaß dabei.« Aber wie sich dann herausstellte, hat das Nachbarspaar gemogelt, indem es als Vater und Mutter die meiste Zeit bei ihren oder seinen Eltern verbrachte, wo sie selbst wieder die Kinder und die Kinder die Enkel sein konnten, die gesamte Familie also eine fröhliche Schar Halbwüchsiger, quasi die Sozialistische Jugend unter der Herrschaft ihrer oder seiner Eltern. Dazu fehlten Philipp und mir die Ressourcen. Dazu muss man herrschaftswillige und -fähige Eltern haben, an die man auslagern und auf die man abwälzen kann, stattdessen waren Philipp und ich rund um die Uhr und von Tag eins an selbst damit beschäftigt, weil nämlich, wie wir feststellen mussten, schon die kleinsten Kinder andere dauernd zu was zwingen wollen mit ihrem schrillen Schreien und ihrem herzerweichenden Lächeln. Dauernd wollten Klara und Paul wissen, wie das denn nun ging mit dem Herrschen und Beherrschtwerden, wer wann den Hut auf- oder die Hosen anhatte, wer rannte und wer schlief, wessen Bedürfnis wie viel zählte und wer angeblich überhaupt keines mehr hatte. Und wir hätten uns gefreut, auf irgendwas zurückgreifen zu können, das feststand, aber wir fanden nichts. Unter der patriarchalen Ordnung hatten wir in unseren Herkunftsfamilien lange genug gelitten, als Letztes wollte Philipp in seiner eigenen der Patriarch sein, was aber als Vater schwierig ist. Wenn er zum Beispiel sagte: »So und so, das passiert jetzt hier und damit basta«, dann klang das schnell patriarchal. Vor allem, wenn Klara mir währenddessen auch noch diesen Blick zuwarf, der sagte, dass sie wusste, dass ich's ganz anders fand, das aber nun nicht mehr sagte. Also versuchte ich, sooft es ging schon im Voraus genau dasselbe zu wollen und zu finden wie Philipp, und das erinnerte dann gleich noch viel mehr ans Patriarchat. Philipp wiederum sagte wegen des Dilemmas nur noch selten, was er wollte und wie es zu laufen hatte, und so blieb das an mir hängen. Wenn ich Ansagen machte, wirkte es weniger patriarchal, weil meine Stimme selbst dann noch, wenn ich sie erhob, nach Mutter klang, allerdings auch bald ganz nach meiner eigenen Mutter. Irgendwann erwischte ich mich dabei, wie ich rief: »Ich mach hier nicht den Kapo!«, was meine Mutter immer gesagt hatte, wenn ich als Kind nicht automatisch tat, was ich sollte. Und ich hatte das damals nicht verstanden: Welche Macht war das denn, die hinter ihren Befehlen stand, wenn nicht ihre eigene? Aber jetzt kapierte ich, dass es natürlich auch das Patriarchat gewesen war, das meine Mutter zu seinem Kapo ernannt hatte, also sagte ich ebenfalls nichts mehr, schwieg die meiste Zeit wie Philipp, und es entstand ein Vakuum, in dem niemand mehr wusste, wie's geht. Was ja auch nicht schlimm war. Nur dass unsere kleine herrschaftsfreie Zone umgeben war vom großen Drumherum, und in dem galten natürlich weiterhin diese vielen Regeln und die alte Herrschaft, und so versuchten wir, nach innen zu entspannen und nach außen zu spuren, ihr könnt euch vorstellen, dass das nicht gutging, das musste sich verheddern, zumal mit so klugen Kindern wie Klara und Paul. Und da standen wir dann, verstrickt in hundert Widersprüche, und ich will gar nicht wissen, wie witzig die Götter das inzwischen fanden, ich jedenfalls fands nicht mehr witzig, und Philipp verlor richtig die Nerven, weinte und tat und sagte überhaupt nichts mehr.

Dass ich noch etwas tue und meine Stimme noch zu hören ist, hat dementsprechend auch nichts mit Selbstermächtigung oder gar Herrschaftsübernahme zu tun. Falls ihr das geglaubt haben solltet. Kann sein, ich bin ein bisschen zäher oder ängstlicher besorgt um das Wohl unserer Kinder, geschmeidiger in der Anpassung und ausdauernder, was die Anwendung fauler Tricks betrifft. »Ich gehe gerne!«, behaupte ich und mach den Kapo. Was ich tun würde, wenn ich ich selbst wäre und meinem eigenen Auftrag folgen könnte – keine Ahnung. Diesen Text hier schreiben? Eher nicht. Der ist der Beweis, dass die Autorin nicht Herrin ihres eigenen Schreibens ist, da müsst ihr nur zum Anfang zurückkehren und auf euch wirken lassen, wie sie versucht, sich vor ihm zu drücken und um ihn herumzuargumentieren. Und doch hat sie den Auftrag angenommen, aus Angst. Hat sich ins herrschende Herrschaftssystem gefügt, hat ein bisschen was geschwafelt, sich das Nachdenken über das, worüber sie nicht nachdenken wollte, versüßt mit ein paar Überlegungen über ihr eigenes Leben und inwiefern das ungeliebte Thema sie wohl selbst betrifft. Doch am Ende hat sie sich eben gefügt und genau das getan, von dem sie meinte, dass es der Betrieb und die Öffentlichkeit und die Menschen, die sie kennen und lieben, von ihr erwarten. Anstatt sich zurückzulehnen und laut zu sagen: »Sorry. Kannst du vielleicht gehen und mir was zu trinken holen? Ich mag da nämlich gar nicht drüber nachdenken.«

LINUS GIESE
QUEERTOPIA

Ich begegne immer wieder Frauen, die mir vorwerfen, dass ich mir das Leben mit meinem Coming-out als trans Mann leichter gemacht hätte: Ich würde den Frauen den Rücken kehren und mich dem stärkeren Geschlecht anschließen. Im Grunde sagen sie, dass ich ein Teil des Patriarchats geworden bin. Es gibt Frauen, die das als Verrat empfinden. Als Abtrünnigkeit. Für diese Frauen bin ich kein trans Mann, sondern eine »verlorene Schwester«. Ist das wirklich so? Ich stelle mir tatsächlich oft die Frage, ob ich jetzt ein Teil des Patriarchats geworden bin. Bisher habe ich darauf noch keine klare Antwort gefunden. Einen Mitgliedsantrag habe ich zumindest noch nicht gestellt. Hat sich mein Leben verändert, seitdem ich als Mann wahrgenommen werde? Ich bin mir nicht sicher. Es fällt mir nicht leichter, neue Jobs zu finden, und ich werde für meine Arbeit nicht besser bezahlt – ich stehe nicht plötzlich auf der anderen Seite des Gender Pay Gaps, im Gegenteil: Auch trans Männer sind im Patriarchat nicht besonders gefragt oder hoch angesehen.

Aber es gibt sie, diese kleinen Momente, in denen ich spüre, dass sich meine gesellschaftliche Wahrnehmung verändert hat. Ich habe zum Beispiel den Eindruck, plötzlich weniger Angst haben zu müssen, wenn ich im Dunkeln nach Hause gehe – zumindest dann, wenn ich den gesellschaftlichen Erwartungen an Männer entspreche. Wenn ich bunte Blumenjacken trage, mir die Nägel lackiere oder meine Hosen so weit hochkremple, dass meine Regenbogensocken zu sehen sind, fühle ich mich im öffentlichen Raum schnell wieder unsicher und beobachtet.

Ich glaube, dass es ein Fehlschluss ist, das Patriarchat mit Männern, Männlichkeit oder Mann-Sein gleichzusetzen. Das Patriarchat ist eine bestimmte Lebensform – oder vielleicht besser: eine bestimmte Lebensgestaltung. Nicht alle Männer gehören automatisch zum Patriarchat: Es gibt trans Männer, queere Männer, schwarze Männer, behinderte Männer, und auch cis Männer, die keinen Zutritt zum Patriarchat bekommen, weil sie zu *soft* oder zu arm oder zu tuntig sind. Auf der anderen Seite gibt es auch viele Frauen, die Teil des Patriarchats sind und etwa durch ihre Politik oder ihren Führungsstil marginalisierte Menschen unterdrücken.

Wenn ich über unsere Gesellschaft nachdenke, sehe ich nicht auf der einen Seite die mächtigen Männer und auf der anderen Seite die unterdrückten Frauen – ich sehe eine patriarchal gestaltete Gesellschaft, unter der alle Geschlechter leiden können. Manchmal stelle ich mir unsere Gesellschaft als Haus vor: Das Patriarchat sitzt im Erdgeschoss, und alle anderen befinden sich im Keller darunter, die Leiter wurde hochgezogen, um zu verhindern, dass Menschen den Weg aus dem Keller hinausfinden und die Machtverhältnisse in der Dominanzgesellschaft infrage stellen.

Doch wäre unsere Welt eine bessere Welt, wenn wir in einem Matriarchat leben würden? Ich glaube das nicht. Die

Historikerin Riane Eisler sagt, dass Patriarchat und Matriarchat »zwei Seiten derselben Medaille sind, weil sich beide über das jeweils andere Geschlecht erheben«. Als Alternative schlägt sie eine partnerschaftlich organisierte Gesellschaft vor, der sie den Namen *Gylanie* gibt: »*Gy* ist abgeleitet von dem griechischen Wort *gyne* für Frau, *an* wiederum von *ana* für Mann, der Buchstabe *l* steht für die Lösung unserer Probleme durch die Befreiung beider Menschheitshälften von einer ebenso verdummenden wie verzerrenden, durch andokratische Herrschaftshierarchien aufoktroyierten Rollenfestsetzung.« Das Partnerschaftsmodell von Riane Eisler fußt auf der Idee, dass die gesellschaftlichen Hierarchisierungen durch gegenseitige Vernetzungen ersetzt werden sollten – womit die Einteilung von Menschen in die Kategorien *überlegen* und *unterlegen* beendet wird.

Ich möchte weder im Patriarchat noch im Matriarchat leben, ich möchte in einer Gesellschaft leben, die sich frei von einer Hierarchisierung organisiert. Vernetzung klingt toll! Zu Beginn seines Songs *MONTERO* spricht der Künstler Lil Nas X folgende Worte: »In life we hide the parts of ourselves we don't want the world to see. We lock them away, we tell them, ›No‹, we banish them. But here, we don't. Welcome to Montero.« In dem dazugehörigen Musikvideo erinnert der fiktive Ort Montero an den Garten Eden – es ist ein himmlischer Ort, an dem wir frei von Angst, Scham und Geschlechternormen leben können. So einen Ort wünsche ich mir auch: Ich glaube nicht, dass die Forderung nach einem Matriarchat (die oft auf den Slogan *Mehr Frauen an die Macht!* oder *Mehr Frauen in Machtpositionen!* heruntergebrochen wird) mein Leben besser machen würde. Stattdessen würde ich gern in einem Montero leben, in einem queeren Garten Eden – oder vielleicht: in einem Queertopia. Beim Lesen werden manche jetzt vielleicht die Augen verdrehen und mich für einen Träumer halten, für naiv oder für realitätsfern. Doch ich nehme mir das Recht heraus, in diesem Text die Augen zu schließen und ein bisschen davon zu träumen, wie mein Queertopia aussehen könnte.

Ich arbeite im Buchladen She Said, in dem wir nur Bücher von Frauen und queeren Autor:innen auslegen. Wir wollen jenen, die sonst nur wenig Sichtbarkeit bekommen, diesen Raum geben. Ich arbeite mit einem anderen trans Mann und einer nicht-binären Person zusammen, wir tragen Buttons, auf denen unsere Pronomen stehen, wir erzählen uns von unseren Lieblingsserien und fragen uns nach unseren Sternzeichen. Die meisten Menschen, die bei uns einkaufen, sind sichtbar queer. Es fühlt sich oft so an, als wäre es uns gelungen, mit She Said einen Ort zu schaffen, der sich von der Welt jenseits der Eingangstür unterscheidet. »Ich wünschte, die restliche Welt wäre so wie euer Laden«, sagte eine Person kürzlich zu mir, als sie an der Kasse ihre Bücher bezahlte.

Vielleicht ist der Buchladen tatsächlich ein guter Ausgangspunkt für diese Fantasiereise: Ich stehe hinter der Theke, schaue die Regale voller Bücher an, durch die Fensterfront scheint die Sonne hinein, im Hintergrund höre ich die Kaffeemaschine, mit der mir der Barista Lewis einen Cappuccino kocht. Langsam schließe ich die Augen und träume mich hinein in mein Queertopia.

In meinem Queertopia tragen alle Menschen einen Button mit ihren Pronomen. Die Menschen lösen sich von ihren Geschlechterzuschreibungen und normierten Vorstellungen. Wir hören endlich damit auf, von dem äußeren Erscheinungsbild auf das Geschlecht eines Menschen zu schließen: Männer, Frauen und nicht-binäre Menschen dürfen ganz unterschiedlich aussehen und auftreten, ohne dass sie in Schubladen gesteckt werden. Wir lösen uns auch von der Idee, dass es Dinge gibt, die typisch sind für Jungen und Mädchen (oder Männer und Frauen). Jungen können lange Haare haben, sich die Nägel lackieren oder Röcke anziehen, ohne Angst haben zu müssen, dass sie deshalb gemobbt werden. Jungen dürfen weinen, um Hilfe bitten, Schwäche zeigen und sich für Berufe interessieren, die im Patriarchat als »Frauenberufe« gelten. Andersherum dürfen Mädchen sich dafür entscheiden, kurze Haare zu haben oder Fußball zu spielen, ohne Angst haben zu müssen, als unweiblich zu gelten – sie dürfen sich gegen Carearbeit entscheiden oder gegen die Familie und für die Karriere.

In meinem Queertopia lösen wir uns von der starren Form, die die beiden Begriffe Männlichkeit und Weiblichkeit angenommen haben. Die Autorin und Aktivistin Glennon Doyle schreibt: »Auch unsere Männer stecken in Käfigen. Die Anteile ihrer selbst, die sie verstecken müssen, um in diese Käfige hineinzupassen, sind jene Anteile ihrer Menschlichkeit, denen unsere Kultur das Etikett ›weiblich‹ verpasst hat – Wesenszüge wie Mitleid, Zärtlichkeit, Weichheit, Ruhe, Freundlichkeit, Bescheidenheit, Empathie, Verbundenheit. Wir sagen ihnen: ›Das alles darfst du nicht sein, denn das sind weibliche Attribute. Du kannst alles sein, aber nicht weiblich.‹« Kleidung, Wesenszüge und Charaktermerkmale haben kein Geschlecht. Wenn wir sagen, dass Mädchen empathisch und Jungen ehrgeizig sind, fußt das nicht auf biologischen Tatsachen, sondern auf kulturellen Zuschreibungen, die sich im Laufe der Jahrzehnte immer stärker manifestiert haben – bis sie zu unverrückbaren Glaubenssätzen wurden. In Queertopia unterwerfen wir uns nicht mehr diesen Geschlechterrollen, sondern befreien uns davon. Oder um es mit den Worten von Glennon Doyle zu sagen: »Weshalb soll es für unsere Kultur so unglaublich wichtig sein, alles, was mit Zärtlichkeit und Erbarmen zu tun hat, als weiblich zu labeln?« In Queertopia dürfen wir alle zärtlich sein, egal welches Geschlecht wir haben.

Wir wollen auch Körperteile von kulturellen Zuschreibungen befreien: Wer darf eigentlich darüber bestimmen, wer ein Mann und wer eine Frau ist? Gibt es da ein Komitee? Oder eine Art Geschlechter-TÜV? Viele werfen an dieser Stelle eifrig ein, dass die Chromosomen diese Frage eindeutig beantworten könnten – aber wer kennt seine Chromosomen überhaupt? Wer weiß, dass die eigenen Chromosomen wirklich mit dem eigenen Geschlecht übereinstimmen? Bei Babys wird, wenn sie auf die Welt kommen, kein Chromosomentest durchgeführt, sondern es wird auf der Basis bestimmter Merkmale ein Geschlecht festgelegt. Doch warum heißt in der Vorstellung vieler Menschen ein Hautlappen Schamlippe, und warum bezeichnen viele Menschen Schamlippen auch noch als weiblich? Der Hautlappen ist biologisch – er ist real, er hängt dort, darüber lässt sich nur schwerlich diskutieren. Aber diesen Hautlappen »Schamlippen« und »weiblich« zu nennen, ist nichts Biologisches, sondern etwas Soziales oder auch Kulturelles. Dass wir bestimmten Körperteilen bestimmte Geschlechter zuweisen, ist etwas, das von tief verwurzelten gesellschaftlichen zweigeschlechtlichen Vorstellungen geprägt ist: Warum gibt es weibliche Brüste, aber keine weiblichen Nieren oder weiblichen Ohren? Warum wird einer intimen Anatomie überhaupt ein Geschlecht zugewiesen? Wenn Menschen sagen, dass ich biologisch eine Frau sei, dann meinen sie eigentlich, dass ich an bestimmten Stellen einen Hautlappen und an anderen Stellen Brustgewebe besitze. Der Hautlappen und das Brustgewebe sind biologisch, aber beides als weiblich zu bezeichnen, ist gesellschaftlich und kulturell bedingt. Was ich mir für Queertopia wünschen würde: dass wir damit beginnen, diese gesellschaftlichen und kulturellen Geschlechterzuschreibungen zu hinterfragen – und irgendwann lernen, über diese binären Geschlechterrollen hinauszudenken.

In einer Welt ohne binäre Geschlechterordnung würden Menschen mit Brüsten, Vulva und Gebärmutter nicht mehr in eine Frauenarztpraxis gehen, sondern in eine Brust-Vulva-Gebärmutter-Praxis. In Anlehnung an die HNO-Praxis könnten wir von der BVG-Praxis sprechen – und meine Hoffnung wäre, dass trans Männer und nicht-binäre Menschen die Angst und Scham verlieren würden, die heutzutage oft mit dem Besuch einer gynäkologischen Praxis verbunden sind. Wichtige Themen wie Schwangerschaft, Abtreibung und Menstruation sind keine »Frauenthemen« mehr, sondern Themen für alle Menschen, die davon betroffen sind. In meiner Vorstellung laufe ich gerade im Drogeriemarkt zu dem Regal mit den Hygieneprodukten, auf dem endlich nicht mehr »Damenhygiene« steht – und auf der Männertoilette steht ganz selbstverständlich ein Mülleimer für Hygieneprodukte. Wie schön wäre das?

In meinem Queertopia bekommen Ärzt:innen Fort- und Weiterbildungen, damit sich alle Menschen beim Besuch einer Arztpraxis wohl und sicher fühlen können. Es wird zum Standard, dass Ärzt:innen danach fragen, wie Menschen angesprochen und aufgerufen werden wollen – auch wenn auf ihrer Krankenkassenkarte noch ein anderer Name steht. Mir ist das bisher erst in einer einzigen Arztpraxis passiert, die Praxis befindet sich im Berliner Stadtteil Neukölln und ist auf die Behandlung von trans Menschen spezialisiert. Wegen dieser Spezialisierung ist die Praxis sehr gefragt, aber auch vollkommen überlaufen. Als ich das erste

Mal dort gewesen bin, wurde ich gefragt, wie ich aufgerufen werden möchte. Die Angst davor, im Wartezimmer einer Praxis zu sitzen und fälschlicherweise als »Frau Giese« aufgerufen zu werden, hat mich lange davon abgehalten, mir unbekannte Arztpraxen aufzusuchen. Was für eine Erleichterung war es für mich, danach gefragt zu werden und fortan ohne Angst im Wartezimmer sitzen zu können.

In meinem Queertopia gibt es für queere Menschen genügend freie Plätze bei queeren Therapeut:innen, damit sie an Orte gehen können, an denen sie verstanden werden – und nicht verurteilt.

In meinem Queertopia gibt es eine Gesundheitsversorgung für alle Menschen, die sich nicht an Algorithmen orientiert, sondern an den individuellen Bedürfnissen und Lebensläufen der Patient:innen. Es gibt genügend spezialisierte Praxen, gut erreichbare Anlaufstellen und geschultes Personal. Das betrifft natürlich nicht nur die Ärzt:innen, sondern auch das Empfangspersonal.

Ich muss ein bisschen blinzeln, weil mich die Sonne blendet – und denke in der nächsten Sekunde daran, dass ich mir für die Welt außerhalb unseres Buchladens wünsche, dass Menschen selbstbestimmt über ihr Geschlecht entscheiden dürfen. Ich bin ein Mann, wenn ich sage, dass ich ein Mann bin – ich muss dafür keine demütigenden Gutachten und Therapiestunden über mich ergehen lassen, und ich bin auch nicht dazu gezwungen, Operationen durchführen zu lassen, um von der Gesellschaft in meinem Geschlecht akzeptiert zu werden. Stattdessen normalisieren wir die Vorstellung von Frauen mit Penis und Männern mit Vulva.

Das veraltete Transsexuellengesetz wird endlich ad acta gelegt, stattdessen wird eine niedrigschwellige Möglichkeit eingeführt, den eigenen Namen und Personenstand ändern zu können. Auch andere völlig verstaubte Rechtslagen dürfen endlich im Papierkorb verschwinden – in Queertopia dürfen zwei Mütter auch die Mütter eines Kindes sein, ohne dass eine von ihnen das Kind adoptieren muss. Ebenso werden trans Mütter und trans Väter als Mutter und Vater in den Geburtsurkunden geführt und nicht mehr unter einem Geschlecht, das sie niemals waren und nicht mehr sein wollen.

Meine Hoffnung für mein Queertopia ist, dass wir irgendwann nicht mehr automatisch annehmen, Kinder seien cis und heterosexuell. Hetereonormativität ist die kulturell geprägte Annahme, cis und heterosexuelle Menschen seien die »Norm«, und alle Identitäten und Sexualitäten, die aus dieser Norm herausfallen, seien deshalb »unnormal«. »Auf der anderen Seite des Regenbogens wartet die Prinzessin auf den Prinzen«, ist ein Satz, den ich hörte, als ich neben einem Kind und dessen Elternteil an der Ampel wartete. Warum sollte es eine Prinzessin sein, die auf den Prinzen wartet? Warum wartet dort kein Prinz? Warum warten nicht zwei Prinzessinnen aufeinander? Wie würde eine Welt aussehen, die nicht heteronormativ geprägt ist?

Ich wünsche mir Kinderbücher, in denen Prinzessinnen aufeinander warten. Kinderbücher, in denen Prinzen über einen Regenbogen spazieren. Ich wünsche mir Kinderbücher, in denen uns Lebensrealitäten außerhalb des heteronormativen Blickes begegnen. Wenn ich bei She Said vor dem Regal mit den Kinderbüchern stehe, dann frage ich mich oft, wie mein Leben verlaufen wäre, wenn ich mit diesen Büchern groß geworden wäre. *Zwei Mamas für Oscar, Zwei Papas für Tango, Teddy Tilly* (eine Teddybärin stellt fest, dass sie niemals ein Teddybär gewesen ist) oder *Küssen verboten* (hier küssen sich nicht nur Herr Schildkröte und Frau Schildkröte, sondern auch Herr Dachs und Herr Dachs) fallen mir dabei auf Anhieb ein.

Ich wünsche mir einen besseren Aufklärungsunterricht in Schulklassen. In Queertopia reden wir mit Kindern und Jugendlichen über Sex Education, Konsens und Geschlechtsidentitäten. Ich wünsche mir außerdem Repräsentation in Kinderbüchern, Jugendbüchern, Erwachsenenbüchern, Filmen, Serien, aber auch im öffentlichen Leben.

Neben der Repräsentation ist die Sprache ein entscheidender Aspekt für die Beschaffenheit der Welt, in der wir leben. Das Patriarchat ist eine von Menschen geschaffene Gesellschaftsform, die durch Sprache weiter zementiert wird. Bereits zu Beginn meines Textes habe ich darüber gesprochen, dass wir bestimmten Charaktereigenschaften und Verhaltensweisen ein Geschlecht zuschreiben. Das führt dazu, dass wir Frauen in bestimmte Rollen und Berufe drängen, weil wir (auch sprachlich) Weiblichkeit zum Beispiel mit Fürsorge und Empathie verknüpfen. Auch Männer werden oft in normierte Rollen gedrängt. In diesem Zusammenhang muss ich daran denken, dass vor zwanzig Jahren ein Begriff wie »metrosexuell« erfunden werden musste, um Männer beschreiben zu können, die sich pflegen. Es war nicht vorgesehen, dass Männer Wert auf ihr Aussehen legen, deshalb musste ein Begriff dafür her.

Wenn wir ein Queertopia aufbauen wollen, dann müssen wir die Sprache ändern, in der unsere Welt beschrieben wird. Die Welt des Patriarchats war lange Zeit durch das generische Maskulinum geprägt. Weil sie sprachlich unsichtbar waren, kam es in der Vorstellung vieler Menschen gar nicht vor, dass auch Frauen Ärztinnen oder Professorinnen sein könnten – geschweige denn, dass auch andere Geschlechter im Krankenhaus oder an der Universität arbeiten könnten. Manche wünschen sich nach Jahrzehnten, die von dem generischen Maskulinum geprägt worden sind, nun Jahrzehnte des generischen Femininums. Doch ähnlich wie bei dem Wunsch nach einer Ablösung des Patriarchats durch das Matriarchat werden dabei die nicht-binären Menschen vergessen. Die Tatsache, dass Frauen, trans Männer und nicht-binäre Menschen oft unterrepräsentiert sind, liegt auch daran, dass es zumeist cis Männer sind, die die Artikel schreiben, die die Bücher veröffentlichen, die die Filme und Serien produzieren. Auch Plattformen wie Wikipedia werden von cis männlichen Autoren kuratiert, und mit der von ihnen getroffenen Auswahl wird auch unser Blick auf die Welt bestimmt. Offensichtlich wird die Begrenzung unserer inklusiven Sprache auch dann, wenn es um Pronomen geht: Nicht-binäre Menschen leben mit einer Sprache, in der es immer noch kein einheitliches deutschsprachiges Pronomen gibt. Manche von ihnen nutzen das englische Pronomen *they/them*, andere verzichten auf ein Pronomen und wünschen sich, nur mit ihrem Namen angesprochen zu werden. Wir sind noch weit davon entfernt, dass in unseren Büchern und Geschichten ganz selbstverständlich nicht-binäre Personen porträtiert werden, die unterschiedliche Pronomen für sich nutzen. Wir sind genauso weit entfernt davon, dass wir im Deutschen ein Pronomen etablieren, das dieselbe Funktion wie *they/them* hat und flächendeckend bekannt ist und genutzt werden könnte. Wie traurig und eindimensional ist das?

Die Sprache ist der Spiegel unserer Gesellschaft, und ich wünsche mir, dass es in unserem Queertopia eine Sprache gibt, die uns alle spiegelt und niemanden unsichtbar macht.

Vielleicht müssen dafür neue Worte erfunden werden, aber vielleicht liegt auch genau darin eine Chance: Je mehr Worte wir haben, um unsere Wirklichkeit zu beschreiben, desto intensiver können wir andere an unserem Leben und unserem Erleben teilhaben lassen.

Ich erschrecke mich, weil plötzlich Lewis neben mir steht, um mir meinen Cappuccino zu bringen. Er reißt mich aus meiner Traumwelt, plötzlich stehe ich wieder hinter der Theke des Buchladens – draußen auf dem Kottbusser Damm herrscht ein geschäftiges Treiben, ich sehe viele Leute, die an der Fensterfront des Buchladens vorbeigehen. Manche von ihnen bleiben stehen und schauen hinein.

Was bleibt in der Realität noch übrig von meinem Queertopia? Ich glaube nicht, dass das Patriarchat demnächst untergeht – auch wenn mir die Vorstellung gefallen würde. Aber ich hoffe, dass die Welt außerhalb des Buchladens irgendwann genauso schön und erfüllend ist wie die Welt hier drinnen. Ich möchte an einem Ort leben, an dem ich trans sein darf, an dem ich queer sein darf, an dem ich ohne Angst und Scham zu meiner BVG-Ärztin gehen darf. Überhaupt wünsche ich mir einen Ort ohne Angst und Scham, einen Ort, an dem ich mich nicht verstecken muss, an dem ich mich nicht verleugnen oder verbiegen muss, sondern so akzeptiert werde, wie ich bin. Es ist mir egal, ob dieser Ort Montero, Garten Eden oder Queertopia heißt, ich wünschte nur, er würde irgendwann Realität werden.

PHILIPP WINKLER
EARTH-M UND IHRE SUPERHELD:INNEN

Die meisten werden schon mal von Wonder Woman gehört haben, der ersten und bis heute einzigen wirklich iko-
nischen weiblichen Comic-Superheldin. Die Amazonenprinzessin Diana of Themyscira (ehemals Paradise Island)
wurde Anfang der 1940er-Jahre vom US-amerikanischen
Psychologen, Autor, Rechtsanwalt und Erfinder des systo-
lischen Blutdrucktests William Moulton Marston kreiert.
Gemeinsam mit dem Zeitungsillustrator und Cartoonis-
ten Harry George Peter wollte er ein weibliches Pendant
zu den übermaskulinen Hauptdarstellern der boomenden
Superheldencomic-Industrie schaffen: Superman, Batman,
Captain Marvel, The Green Lantern, The Flash, um nur
ein paar zu nennen.

Zur Notwendigkeit einer Wonder Woman schrieb Marston: »»Aw, that's girl's stuff!‹ snorts our young comics reader.
›Who wants to be a girl?‹ And that's the point; not even
girls want to be girls so long as our feminine archetype
lacks force, strength, power. Not wanting to be girls they
don't want to be tender, submissive, peaceloving as good
women are. Women's strong qualities have become despi-
sed because of their weak ones. The obvious remedy is to

create a feminine character with all the strength of a Super-man plus all the allure of a good and beautiful woman. This is what I recommended to the comics publishers.«

Abhilfe also sollte ein weiblicher Charakter schaffen, der all die Stärken eines Supermans mit den gemeinhin als fe-minin bezeichneten Qualitäten verbinden würde und des-sen Hintergrundgeschichte – welch Zufall! – beinhaltet, dass er aus einer matriarchalen Gesellschaft stammt.

Doch was wäre, wenn wir selbst in solch einer Gesell-schaft und Kultur leben würden? Würde es im Matriarchat Wonder Woman geben? Wäre ihre Erfindung notwendig gewesen? Würden Wonder Woman und Superman viel-leicht lediglich die »Plätze« tauschen, die sie in der Kultur-geschichte einnehmen? Gäbe es überhaupt Comic-Super-held:innen, oder wären sie auf unserer fiktiven Earth-M zumindest ein wenig anders geartet? Halten wir es einmal mit dem Superheld:innencomic-Jargon und nehmen dies als eine Art What If?-Oneshot oder Elseworlds-Tale.

Ziehen wir erst einmal eine der basalsten und doch um-fassendsten Definitionen des Archetyps der Superheld:in heran. Sie stammt aus dem Essay »More Than Normal, But Believable« von Comic-Ikone Stan Lee: »A superhero is a person who does heroic deeds and has the ability to do them in a way that a normal person couldn't.«

Einen Superhelden oder eine Superheldin machen also zwei Dinge aus: Erstens die Superkraft; wobei hier dazu-gesagt werden muss, dass auch der hohe Intellekt und die schier unendlichen (finanziellen) Ressourcen eines Batman oder Iron Man als Qualifikation für eine Superkraft ak-zeptiert werden. Und zweitens soll diese Person heroische Taten vollbringen.

Kann man bei der Betrachtung eines Charakters ein Häkchen hinter beide Wortteile setzen, handelt es sich mit großer Sicherheit um eine Superheldin oder einen Superhelden.

Ersetzen wir einmal die uns bekannte und gelebte Kulisse des Patriarchats, in dem ich hier vor allem Besitz und Hierarchie als wichtige Bestandteile in den Vordergrund stellen möchte, durch eine matriarchale Gesellschaft, die für dieses Gedankenspiel auf Fürsorge basieren und von den Eckpfeilern Egalität (für alle Geschlechter und Generationen), Demokratie und Pazifismus gestützt werden soll. Wäre es dann vorstellbar, dass ein Jerry Siegel und ein Joe Shuster in einer solchen Gesellschaft überhaupt eine Figur kreieren, die übermenschliche Fähigkeiten besitzt? Ich würde diese Frage mit einem vorsichtigen Ja beantworten. Denn die Sehnsucht nach etwas (oder jemandem), das über das normal Vorstellbare hinausgeht, ist doch etwas dem Menschen Inhärentes – sei es in Form von Religion, (moderner) Mythologie oder Populärkunst. Denn auch wenn dies bereits in gewisser Weise einem matriarchalen Egalitarismus widersprechen mag (birgt eine Ikonenbildung auch immer die Tendenz zur Bildung von Hierarchie), so würden doch Geschichten, Fiktionen und Narrative keineswegs verschwinden. Und diese funktionieren nun mal am besten über Figuren, die unter anderem als Identifikationsanker und Projektionsfläche dienen. Warum sollte es also nicht weiterhin fiktive Charaktere geben, die in irgendeiner Weise supermenschlich (um den Begriff des Übermenschlichen nicht zu sehr zu strapazieren) sind – und darüber hinaus heldenhafte Dinge tun?

Auch in einem Matriarchat gäbe es somit wohl Comic-Superheld:innen. Doch würden sich ihre Storys, ihre Abenteuer und Missionen von denen der uns bekannten Figuren deutlich unterscheiden.

So hat William Moulton Marston seine Wonder Woman

zwar als eine Art mitfühlenderes Gegengewicht zu den vor Testosteron berstenden Muskelmännern erschaffen, die in buntem Spandex Autos durch die Gegend wuchteten und Gangstern den Garaus machten, doch auch die Amazonenprinzessin Diana *kapoww*'te, *socko*'te und *bam*'te sich durch viele ihrer Geschichten. Wonder Woman ist natürlich ein Produkt ihrer (patriarchalen) Umwelt. So greift sie – je nach Iteration der Figur – im Gegensatz zu ihren männlichen Counterparts zwar tendenziell eher als letzten Ausweg zu körperlicher Gewalt, doch ist dies im Grunde trotzdem Bestandteil jeder ihrer Storys. Noch einmal kurz zurückgehend auf ihre Erschaffung, wollte Marston Dianas weibliche Eigenschaften also mehr oder weniger von den »männlichen« Qualitäten, die sie zum Beispiel mit einem Superman teilte, tragen lassen – Kraft, Stärke und Macht. Einerseits natürlich alles andere als blöd und ein beachtenswertes Bestreben. Andererseits strahlen diese, dem Weiblichen zugeordneten Eigenschaften leider doch auch nur im (Ab-)Glanz der männlichen auf und entwickeln nicht unbedingt eine eigene Aura, eine eigene Kraft. Stattdessen retten am Ende eines Comichefts allzu häufig Wonder Womans körperliche Supereigenschaften den Tag, die sie mit ihren männlichen Counterparts teilt.

Die Comic-Superheld:innen einer nach Gewaltlosigkeit strebenden, matriarchalen Gesellschaft würden sich jedoch wahrscheinlich anderer Mittel bedienen, davon zeugen bereits Wonder Womans Empathie und Mitgefühl sowie ihr Streben nach Frieden und Gleichberechtigung. Natürlich setzen auch andere Superhelden ihre Kräfte für diese Werte ein, doch werden diese zumeist mittels körperlicher Überlegenheit wie Superstärke und -schnelligkeit erzwungen. Oder per *Pew Pew Zap Zap*-Laserstrahlen aus Augen, Fingern oder sonstigen Körperteilen.

Die körperlichen Eigenschaften der Superheld:innen würden im Matriarchat in den Hintergrund rücken, und mentale oder emotionale Superkräfte würden eine größere Rolle einnehmen, da diese einer matriarchalen Ideologie mehr entsprechen als die körperlichen Kräfte, die ein schnelles Machtgefälle erzeugen.

Anstatt das Verbrechen zu »bekämpfen«, könnte ein Superheld oder eine Superheldin beispielsweise die Motive des Villains, also des Schurken oder der Schurkin, und dessen krimineller Energie erspüren und diesem dabei helfen zu überwinden, was ihn oder sie zu Villain oder einer Villainess hat werden lassen.

Nur am Rande betrachtet, könnte ein solcher Handlungsverlauf den Nebeneffekt haben, den Antagonisten nicht zu stigmatisieren und als Schurken abzustempeln (zu villainisieren), und könnte wiederum Empathie und Verständnis hervorrufen; nicht, dass ich damit sagen will, ein solcher Handlungsverlauf wäre in den Erzählkünsten unserer patriarchalen Kultur gänzlich unbekannt. Auch sogenannte Empath:innen gibt es bereits in unserer heutigen Superheld:innenlandschaft. Und das bringt mich zu einem Hauptpunkt, der in den oberen Absätzen bereits mitschwang: Ich denke, einer der primären Unterschiede bestünde darin, dass die Superheld:innen unserer Earth-M ihre Kräfte im Lichte matriarchalgesellschaftlicher Werte und Normen anders verwenden würden, was wiederum die Abläufe und Art der Superheld:innen-Narrativa verändern würde.

So würden vor allem körperliche Superkräfte weniger kämpferisch eingesetzt als vielmehr dazu, gegenständliche Hindernisse oder Gefahren aus dem Weg zu räumen. Weniger Hand-to-hand Combat. Mehr Rettung von Menschenleben vor Umständen wie Naturkatastrophen,

Unfällen oder anderen Arten ungezielt hervorgerufener Unglücke.

Auch Energiekräfte (wie jene von Cyclops von den X-Men, der Strahlen aus seinen Augen schießen kann) würden vielleicht verstärkt zum aktiven Lösen von Problemen eingesetzt, zum Beispiel um eine einsturzgefährdete Brücke mittels Comic-Physik notzuschweißen und so den voll besetzten Schulbus, der auf ihr liegen geblieben ist, zu retten.

Empathische, oder generell psychische, Superfähigkeiten würden nicht dazu eingesetzt, in den Kopf einer anderen Person einzudringen und ihre Gedanken zu manipulieren. Sie würden einfach eine außergewöhnliche Sensibilität für die mentalen Zustände von Mitmenschen darstellen.

Würde es dann überhaupt noch Dinge wie Hand-to-hand Combat oder Schurk:innen, heutzutage scheinbar unverzichtbare Bestandteile des Superheld:innen-Kosmos, geben? Hätten unsere matriarchalen Superheld:innen noch Erzfeinde?

Ich denke, das kommt ganz darauf an, inwieweit wir das Matriarchat unserer Earth-M als Utopie begreifen oder ihm gewisse Fehlerhaftigkeiten oder ein Restrisiko menschlicher Missgunst, Aggression und Destruktivität zuschreiben wollen. Mehr als das würde selbstverständlich wenig Sinn ergeben, denn somit wären wir schon wieder auf dem Weg in den Status quo unserer (Old White) Man's World.

Nehmen wir also an, nicht alles wäre perfekt, und es gäbe zumindest genügend Widerstände, um die Inspiration für fiktive Bösewichte zu schaffen. In der patriarchalen Gesellschaft entstehen die Schurk:innen auf dem Nährboden einer hierarchischen Grundordnung, männlicher Dominanz und Macht in sämtlichen Belangen moralischer und weltlicher Ausformung, sowie einer Verteidigung angehäuften Eigentums. Ob Lex Luthor, Doctor Doom, Penguin, Catwoman, Red Skull, Green Goblin, Ra's al Ghul, Kingpin, Darkseid, sie alle vereint das Streben nach Reichtum oder Macht, andere werden angetrieben von Rache (Magneto, Cassandra Nova, Reverse Flash) oder dem Wunsch, bestehende Strukturen zu zerstören (Joker, Poison Ivy, Galactus, Thanos).

Diese Archetypen von Schurk:innen würden grundsätzlich auch in Superheld:innen-Comics auf Earth-M funktionieren. Ein großer Unterschied läge allerdings darin, dass der auf Macht oder Reichtum abzielende Großteil dieser Villain:esses in einer matriarchalen Welt von außerhalb des Systems kommen und sich mit der angestrebten Anhäufung – und dem damit unweigerlich hervorgerufenen Macht- beziehungsweise Hierarchiegefälle – in die Riege der das System zerstörenden Schurk:innen einreihen würde.

Ihre Motivationen könnten jenen der Bösewichte ähneln, die wir gewohnt sind. Doch sowohl ihre Origin-Stories, die Quellen dieser Motivationen, als auch deren Konsequenzen, die Ausformungen jener Motivationen, würden sich wahrscheinlich anders darstellen. Die Gewalt der Schurk:innen wäre schockierender. Die Aufrechterhaltung und Standhaftigkeit ihrer matriarchalen Werte von Gewaltfreiheit und Empathie der Superheld:innen wären in Gefahr und würden kontinuierlich auf die Probe gestellt. Somit müssten sie kreativere Wege der Problemlösung finden als ihre patriarchalen Pendants, von denen zwar viele nach dem Credo agieren, keine Leben aktiv zu beenden, die jedoch stets auf die Ausübung körperlicher Gewalt und die damit unmittelbar hervorgerufene Herstellung von Dominanz und Hierarchie zurückgreifen.

Ich, für meinen Teil, würde die Frage, ob es im hypothetischen Matriarchat Superheld:innen-Comics gäbe, mit einem klaren, »das will ich doch hoffen!«, beantworten. Ob matriarchale Elseworlds-Versionen von Wonder Woman, Batman, Martian Manhunter und Superman, von Spider-Man, Black Panther, Ms. Marvel und Moon Knight oder absolut genuine Superheld:innen – ich wäre bereit für alternative Ansätze, andere Storys und Figuren, neue Held:innen. Held:innen von Earth-M. Held:innen des Matriarchats.

In diesem Sinne soll das letzte Wort Golden Age Wonder Woman gehören: »Fight on as before – we will show those evil men that women fight for peace harder than men can fight to satisfy their greed!«

MAREIKE FALLWICKL
TAMINA BLUE

AM ANFANG

haben wir euch per Hand zerlegt, das Blut in Wannen aufgefangen, die Gliedmaßen aus den Gelenken gelöst, mit
großem Kraftaufwand, die Metzgerinnen haben es uns beigebracht. Wir haben geschwitzt, gezerrt und gezogen, uns
fehlte die Erfahrung, zu zögerlich waren wir auch. Und
dazu all die Haare. Rund um Bauchnabel, in Nasenlö-
chern, an Arschbacken, drahtige, wuselige Haare. Die haben uns den Rest gegeben.

Mittlerweile erledigen das die Maschinen. Bis zu fünf
Sägen haben wir in jeder Fabrik, es kommt auf den Stand-
ort an und die Weiterverarbeitung, sie laufen die ganze
Nacht. Es knirscht und spritzt, es rattert und surrt, alles
geht schneller, so viel schneller. Das Kreischen ist uns zu
Musik geworden, das Kreischen beruhigt uns.

Wir zerteilen, zerfleddern, zermatschgern euch.

Wir zerschneiden, zerhobeln, zerschinden euch.

Die Abgänge zu den Fabriken unter der Erde sind ge-
heim und gut gesichert. Wir liefern euch an und trans-

portieren euch ab. Wir haben gelernt, was es zu wissen gibt über die Sehnen und das Netz der Zwischenzellmasse, über den zweiköpfigen Oberarmmuskel, das Rückgrat und einen glatt durchgezogenen Querschnitt, über Rippenbogen, Unterschenkelknochen, ausgedrückte Augen, zögerlich sind wir nicht mehr.

Oh, wir sind alles, aber zögerlich nicht.

Die Sägen fragen nicht, wer ihr gewesen seid, die Sägen tun eifrig ihr Werk. Sie kreischen, wir füttern. Mit Weichteilen füttern wir und mit Fingern, mit Bindegewebe, kleinen Knorpeln, dunkler Haut und heller Haut, daran kleben die Haare, so viele Haare.

Wir sind eine Entsorgungsmaschinerie. Wir stehen niemals still.

Dabei wollten wir zuerst nur reden. Das ist die Wahrheit, mit dem Reden hat es begonnen. Wir waren zu zweit, zu dritt, wir hatten die Tränen und den Trost. Jede von uns erzählte eine andere Geschichte, und alle erzählten wir dieselbe Geschichte. Wir waren das Mädchen mit dem schmieräugigen Schwimmlehrer, wir waren die Professorin, die an die gläserne Decke stieß, wir waren die Schauspielerin, die in der Garderobe schlucken musste, wir waren die Journalistin, deren Enthüllungsgeschichte nicht gedruckt wurde, wir waren die zierliche Thailänderin von der Imbissbude, deren bierbäuchiger Mann sie an den Haaren zum Bett gezogen hat, wir waren die Obdachlose, die ihr zu viert festgehalten habt, wir waren die Tochter des Politikers, die das Baby auf der Schultoilette liegen hat lassen, die Krankenschwester mit den blauen Flecken waren wir, die rundliche Buchhalterin mit dem Stalker, die Wissenschaftlerin, deren Ergebnisse ihr Kollege als seine ausgegeben hat, und die Frauen im Keller des Bordells waren wir auch.

Das alles war in erster Linie: normal.

Wir sind mehr geworden, ja, es hat sich herumgesprochen, dass wir reden. Nicht viele mehr, erst zwanzig, später dreißig, wir haben uns getroffen, sonst nichts. Die Welt, so glaubten wir, war eben nicht gemacht für uns. Und das, so glaubten wir, konnten wir nicht ändern.

Es hat gutgetan, verstanden zu werden, erklären mussten wir nichts. Jede von uns hatte es erlebt, das Angeschautwerden, das Angefasstwerden, es war so alltäglich wie Aufwachen und Einschlafen. Ihr hattet die Macht, wir hatten sie nicht.

Wir redeten in kleinen Cafés und neonbeleuchteten Vereinsräumen, draußen waren wir stumm. Unseren Wahrheiten wurde kein Glauben geschenkt. Unsere gewaltsamen Tode wurden Familiendramen genannt. Unsere unbezahlte Care-Arbeit wurde für selbstverständlich gehalten. Und wenn wir riefen: Wir können nicht mehr, wurden wir belächelt, und wenn wir baten: Helft uns, wurden wir mit milden Versprechungen abgespeist.

Wir waren in erster Linie: Das Schwache Geschlecht.

Mit den Treffen fiel eine neue Regelmäßigkeit in unsere Leben. Wir kochten Kaffee, wir brachten Kuchen, wir waren die Wärme und die Süße. Wir fragten nach, lernten die Namen unserer Kinder. Wir tauschten Rezepte, Kleidung und die beste Technik, Blutergüsse zu überschminken. Wir schnatterten und schäkerten, fingen uns auf, gerade noch so. Wir waren lieb, wir hatten Verständnis. Und vielleicht wären wir so geblieben für alle Zeit. Nichts weiter als eine Gruppe Freundinnen, verkuppelt vom Zufall, müde, ankaputtet, harmlos. Aber dann ist die Sache mit Tamina Blue passiert.

Sie ist an einem hellgrauen Winterabend gekommen, es gab uns seit einem Jahr. Sie trug ein enges weißes Kleid und eine glänzende rote Handtasche voller Kaugummis und Zigaretten. Sie ging mit dem Mut der Erwachten auf ihren High Heels, reckte sich noch höher und war ohnehin schon groß. In ihrem Blick lag trotziger Stolz, direkt dahinter die nackte Angst, ausgeschlossen zu werden. Aber wer als Frau zu uns kommt, wird als Frau aufgenommen.

Tamina Blue war magnetisch, warmherzig, eine alte Seele. Sie hat gelacht, trotz eurer Spucke in ihrem Gesicht, trotz eurer Faustabdrücke auf ihren Wangenknochen, sie hat gelacht und den Kopf aufrecht gehalten.

»Eines Tages«, hat sie gesagt, »eines Tages.«

Sie hat es geflüstert und gesungen, mit luftiger Sehnsucht, mit stechender Überzeugung. Da haben wir angefangen, es uns vorzustellen. Da haben wir angefangen zu glauben, wir könnten diese Welt verändern. Wir könnten geachtet und geschützt werden, gleichwertig sein, nein: überhaupt etwas wert sein.

Eines Tages.

Die Sägen fragen nicht, was ihr getan habt, die Sägen sind fleißig. Sie kreischen, wir füttern. Mit Kniegelenken füttern wir und mit Ohrläppchen, mit Hodensäcken, Brustwarzen, kleinen Zehen und großen Zehen, auch an ihnen kleben Haare, sehr viele Haare.

Wir sind eine Entsorgungsmaschinerie. Wir stehen niemals still.

Wir zögern nicht mehr, und wir brauchen keine Pause. Wir schrubben und kärchern, sehen dem kreiselnden Blut zu, wir reinigen unsere Plastikschürzen und klatschen uns ab, wir tanzen, wir rauchen.

Im Rhythmus eurer Hinrichtungen stampfen wir.

Ihr habt geglaubt, alle Frauenkörper gehören euch. Und haben zu sein, wie ihr es euch vorstellt. Die Neuigkeit ist: Jetzt gehören eure Körper uns. Wir lassen sie knirschen, wir lassen sie fallen.

Siebzehn Jahre hat es gedauert, dorthin zu kommen, wo wir sind. Aus dem Redenwollen wurde ein Handelnmüssen, wir konnten nicht mehr ausweichen, zurückgehen, uns ducken. Wohin denn auch, wohin?

Es war in erster Linie: eine Notwendigkeit.

Also haben wir angefangen, sie herauszuholen, in den lichtgrauen Abendstunden, leise, schnell. Die von den Frauenhäusern aus Platzmangel fortgeschickt worden waren, die ihre Anzeige wegen häuslicher Gewalt zurückgezogen hatten, die als Kindermädchen ins Land gelockt und in die Prostitution gezwungen worden waren, die zuerst. Mit nichts als einem Rucksack, die Kinder an der Hand oder alleine. Wir haben hingesehen, wo ihr weggeschaut habt, wo eure Gesetze, eure Politiker, eure Staatsbediensteten versagt und verhindert, bestochen und sich bereichert haben. Wir richten sie auf. Wir sind eine kollektive, hundertfache, heilende Umarmung. Unsere Hände bilden eine Brücke, die jedes Gewicht trägt. Manche wagen sich dann in einen Neuanfang, andere bleiben bei uns.

Wir haben die Weite abgesucht nach leeren Gutshäusern und verfallenen Schlösschen im Wald, nach Landsitzen und Anwesen, für die niemand aufkommen kann und will. Geld haben wir, aber mehr noch arbeitende Hände, kluge Köpfe. Wir reparieren, bestellen, bewirtschaften, wir sind Bäckerinnen und Architektinnen, Bauersfrauen und Köchinnen, wir sind Ärztinnen, Anwältinnen und Therapeutinnen, Ingenieurinnen, IT-Expertinnen, wir sind alles, was wir brauchen. In den großen Küchen, durch die früher Bedienstete gewuselt sind, ist es wieder warm, ist es lebendig, wir hacken Holz, wir lesen vor, über unsere Kräutergärten huschen Insekten, auf den endlosen Äckern lässt sich vieles verscharren, dann wächst das Gemüse sehr gut. Aus einer dachlosen Villa, in der nur Gespenstermäuse leben, machen wir ein neues Zuhause.

Was wir leisten können, ist erstaunlich und eigentlich nicht. Die Jahrhunderte der Buckelei brummen in unseren Genen, wir neigen uns im Wind, ohne zu brechen. Wir können rechnen und beherrschen alle Sprachen, wir können heben, tragen, bauen, kommunizieren und planen, wir sind Meisterinnen der Organisation, jahrhundertelang haben wir im Hintergrund ganze Familien, Firmen und Institutionen durch Krisen und Kriege geleitet. Wir können programmieren und verführen, schauspielern und Abzüge drücken, Glasschneider benutzen und Chloroform, über Balkone eindringen und durch Kellerfenster, Messer lautlos ziehen und Spritzen ansetzen.

Durch Tamina Blue sind wir enger zusammengerückt, unsere Verbindungen wurden zäh. Sie wurden zu Seilen aus dicken Zöpfen, geflochten in tausend stillen Leben, zu Nabelschnüren, ausgehärtet in der Hitze unserer Erbitterung. Aus manchen von uns fließt zyklisch schwarzes, dickes Blut, aus anderen nicht, und das ist nicht, was uns eint. Eine Verbindung wie diese geht weit über biologische Merkmale hinaus, sie ist laut und geschwollen, wir spüren sie an jedem Ort der Welt, wenn wir innehalten und unseren Schwestern lauschen.

Tamina Blue hat ihre Zigaretten und Kaugummis geteilt, gemeinsam haben wir die blinden Flecken von unseren Seelen gewischt. Wir mussten nicht schwören, einander nie zu verraten. Manches versteht sich von selbst.

Es ist ein mehrstufiges System, wir beginnen mit einer Warnung. Jedes Mal geben wir euch eine Chance, natürlich tun wir das. Wir sind überall, wir hören, sehen, erfahren. Die aufmerksamen Nachbarinnen sind wir, die Lehrerinnen und Kinderärztinnen, die Freundinnen, Kolleginnen, die Barfrauen, und jede kennt die Nummer, an die sie das Codewort schicken kann, kennt die Website und alle verfügbaren Kanäle. Das Gesicht von Tamina Blue ist auf T-Shirts und Buttons, auf Protestplakaten und Magazin-Covern, sie ist ein Star, ein weibliches Mahnmal. Dieses Verehrende hat etwas Madonnenhaftes, uns soll es nur recht sein. Sie hätte die Aufmerksamkeit genossen, im Gold der Bewunderung gebadet. Die Menschen brauchen eine Ikone, um einer Idee zu folgen. Und Tamina Blue mit dem sachten Schimmer ihrer bronzenen Haut, mit den gütigen Augen, dem hochstilisierten Glanz der Andersartigkeit ist eine perfekte Ikone.

Wir sind ein Netzwerk, und wenn ihr auf die Warnung nicht hört, wenn ihr weitermacht mit den Schlägen, dem Missbrauch, der Diskriminierung, setzen wir einen blauen Farbklecks auf eure Tür, das ist Stufe zwei. Es gibt niemanden mehr, der diese Botschaft nicht versteht. Im Internet wurde daraus die Zeile *Tamina Blue is watching you*, viele von euch machen erst einmal Selfies mit dem blauen Mal. Diese Bilder werden später oft für die Vermisstenanzeige verwendet.

Es ist in erster Linie: eure Arroganz.

In Stufe drei entblößen wir euch. Wir folgen euch, machen Bilder. Wir hacken uns ein, lesen Chat-Verläufe und Mails. Wir stellen eure Fehltritte ins Öffentliche und entreißen euch die Maske. Das Ziel ist, euch zu entheben. Aus der Machtposition, die ihr innehabt, dem politischen Amt, dem Beamtensessel, der Trainerstelle, dem Managerjob, der Geschäftsführung. Früher habt ihr euch gegenseitig geschützt mit eurem durchwirkten System aus Polizisten und Richtern, Geldgebern und Unternehmern. Das Blatt hat sich gewendet. Wer von Tamina Blue entlarvt wird, gilt als gebrandmarkt. Gewalt gegen Frauen ist ein Unding geworden, ein Sakrileg, der Mord an einer Madonna. Die Medien sind von euch zu uns geschwenkt, legen den Fokus auf die Rächerinnen, die Nichtzukriegenden, wo sie vorher alle Augen auf die Täter gerichtet haben. Weil wir die bessere Geschichte geworden sind.

Oft genug hilft das, euer Ansehen ist euch wichtig. Ihr knickt ein, seid geläutert oder tut so, als ob. Wir beobachten das, streichen euch nicht von der Liste. Und wo es nicht ausreicht, wo ihr euch immer noch überlegen fühlt, euch vergreift, eure Verderbtheit regieren lasst, aktivieren wir Stufe vier. Der Frau verschaffen wir ein Alibi, natürlich tun wir das. Wir agieren gezielt und ohne Reue. Denn wir sind alles, aber zögerlich sind wir nicht. Ihr verschwindet mit einer Plötzlichkeit, die euch verblüfft. Selbstverständlich ist das gegen das Gesetz. Aber eure Gesetze habt ihr für euch gemacht. Für uns gelten sie nicht mehr.

Tamina Blue hatte die herrlichsten Perücken, eine mit roten Locken, eine mit blondem Marilyn-Bob, am schönsten waren die glatten schwarzen Haare mit den leuchtblauen Strähnen. Sie hat gar nichts gewollt, versteht ihr, außer in Frieden gelassen zu werden. Sie hätte weitergetanzt und weitergesungen, wem hätte sie damit geschadet, sie hätte mit uns gelacht und ab und zu neue Schuhe gekauft, im Winter geträumt von einer Hängematte zwischen zwei Palmen, sie trank gern Sex on the Beach.

Wir haben ein neues System kreiert und schützen uns gegenseitig.

Wir sind die Polizistinnen, die Richterinnen und Ermittlerinnen. Wir sind die Wärterinnen im Zoo bei den Löwen, die Seglerinnen draußen bei den Haien, wir sind die Chemikerinnen, die Frauen, die in der Tierverwertung gearbeitet haben, und Hundebesitzerinnen sind wir auch. Was die Sägen ausspucken, was die Sägen übrig lassen, führen wir einem neuen Zweck zu.

Wir entsorgen nur, wenn wir Beweise haben. Aber in letzter Zeit werden wir immer öfter gerufen, da liegt einer von euch und hat schon zwei Kugeln im Kopf. Das ist, weil die neue Generation sich wehrt, nicht buckelt, nicht zurückweicht. Sie wächst in einer Gesellschaft auf, in der das möglich ist.

Und wenn ihr sagt: Das geht doch nicht, dann denkt an euren Menschenhandel. Denkt an die Abertausend Mädchen, die ihr in hohlen Zimmern mit schimmligen Matratzen verschwinden habt lassen, denkt an die für immer vermissten Frauen in Mexiko, denkt an Boko Haram, die Taliban, denkt an jede eurer Terrorgruppen, an jeden einzelnen Krieg. Ihr habt uns geschmuggelt und versenkt, ihr habt uns angezündet, eure Schwänze in uns gezwängt und uns in Massengräber geworfen. Ihr habt uns gezeigt, dass es geht. Ihr habt uns gezeigt, wie es geht.

Ihr sagt gern, wir hätten uns radikalisiert.

Das ist nicht wahr.

Ihr habt uns radikalisiert.

Ihr sagt gern, wir würden Krieg führen.

Das ist wahr.

Vor Jahrtausenden habt ihr diesen Krieg begonnen.

Ihr habt uns geschlagen, vergewaltigt, ermordet und verscharrt, ihr habt uns ausgebootet, geblendet und benachteiligt. Ihr habt uns eingetrichtert, wir müssten freundlicher, braver, nachgiebiger sein, nicht so zornig, nicht so laut.

Und ihr wart schlau. Ihr habt uns glauben lassen, wir könnten nicht zusammenarbeiten. Wir wären zickig und hysterisch, einander die größten Feindinnen. Ihr habt uns daran gehindert, die Kraft des Zusammenhalts zu entdecken, habt geahnt, welche Macht wir hätten. Ihr habt uns gegeneinander aufgehetzt, in eine toxische Konkurrenz gezwängt, auch davon haben wir uns befreit. Wir haben alles, außer Chefinnen. Wir sind Teams, jede bringt ihre Fähigkeiten ein, keine ist mehr wert oder weniger. Wir heißen Susanne, Karin und Maria, wir heißen Joy, Pepper und Crystal, wir heißen Leyla, Samida und Aylin, wir heißen, wie wir verdammt noch mal heißen wollen. Wir haben unsere Namen zurückerobert und uns neue gegeben.

Jetzt sind wir zornig, sind wir laut.

Es ist in erster Linie: ein Echo.

Ihr habt Tamina Blue über die Eingangstür gehängt und beschmiert mit schleimigen Worten aus Lippenstift, ihr habt ihre Perücke auf den Boden geworfen und ihr die High Heels ausgezogen. Dass ihre baumelnden Füße nackt waren, war vielleicht das Schlimmste. Die glänzende rote Handtasche habt ihr um ihren Penis gebunden, weil ihr gedacht habt, dass ihr mit denen, die keine Stimme haben, mit denen, die sich nicht eurer Kategorisierung unterwerfen, alles machen dürft, alles. Ihr habt sie entkörperlicht.

Was es in euren Körpern gibt, haben wir gesehen. Alles haben wir uns genau angeschaut, das Fettgewebe, die starren Augen, die winzigen Rillen auf den Fingerkuppen, aber den Ursprung eures Makels haben wir nicht gefunden. Wo im Körper versteckt sich das Böse? Wo sitzt der Wille zur Gewalt? Wo ist er, der grelle Frauenhass? Jedes eurer klumpigen Herzen werfen wir in den großen, bollernden Brennofen. Zur Sicherheit.

Die Strukturen, mit denen ihr uns geschwächt und kleingehalten habt, sind aufgebrochen. Wir entdecken eine neue Menschlichkeit, einen satten Frieden. Wir sind denselben Weg gegangen, in High Heels und Sandalen, in Sneakers, Ballerinas und barfuß, sind denselben Stolperfallen begegnet und denselben Abgründen. Zu uns gehören alle Menschen, die ihr behandelt, als wären sie keine. Selbst wenn wir uns noch nie gesehen haben, sind wir einander nicht fremd. Wir haben alle Farben, wir haben alle Geschlechter, und in einem sind wir gleich: Wir befinden uns in Gefahr. Nichts schweißt mehr zusammen als eine gemeinsame Bedrohung.

Ihr seid in unseren letzten Rückzugsort eingedrungen. Ihr habt Tamina Blue in unser Versteck geworfen wie eine Brandbombe, und wir haben den Schrei geschickt. Hinein in die Verbindung, in die Seile, Nabelschnüre, Lebensadern, in dieses summende Netz, das durch Gräber, Bäume, Betten dringt, das Jahrtausende in die Vergangenheit reicht und genauso weit in die Zukunft. Alle haben innegehalten. Er war nicht wie die Milliarden Schreie zuvor. Er war der ausschlaggebende.

Da ging ein Ruck durch unsere Gruppe, und wir wurden eine Organisation. Tamina Blue war tot, und eines Tages war gekommen.

Seien wir ehrlich. Ihr hättet es euch denken können. Ihr hättet es befürchten müssen. Ihr hättet durch den Schleier eurer Überheblichkeit blinzeln müssen. Denn alle Unterdrückten werden irgendwann zu Aufbegehrenden, das zeigt die Geschichte. Wir sind Fässer, in die ihr gepisst habt, jede Minute, jede Stunde des Tages, an allen Orten dieser Welt, jahrzehntelang, und dann sind wir übergelaufen.

Ihr habt unser Licht gestohlen und uns zum Schweigen gebracht, ihr habt uns Tamina Blue genommen und unsere Würde. Wir haben nichts mehr zu verlieren. Und ihr wisst ja, was man über jene sagt, die nichts mehr zu verlieren haben.

Wir sind skrupellos, und wir sind es gern.

Wir gewinnen, weil wir raffinierter sind, weil wir beobachten und abwägen können, wir haben es in all den Jahren in der zweiten Reihe gelernt, wir haben den längeren Atem und die größere Wut. Davon am meisten. Die Wut ist unser Motiv und unser Motor, weckt uns und pumpt uns voll mit Energie. Wir schreien, wir brüllen, wir haben eigene Plätze dafür in den Wäldern. Dort ergießen wir die Wut in den Boden, schmeißen sie in die Luft und in die obersten Äste. Er stinkt, unser Zorn, er beißt und ätzt, frisst sich mit winzigen Zähnen durch unsere Adern, schuppt sich wieder und wieder, ohne je kleiner zu werden. Aus uns schwappt der Schmerz der Abermillionen, die uns vorausgegangen sind, er ist ölig und scharf.

Es wird noch lange dauern, bis unsere Rache uns befriedigt.

Wir reinigen die Welt. Von euch wird es bald nicht mehr viele geben, ihr wachst nicht nach. Denn eines habt ihr vergessen bei eurer Hetzjagd, eurem egozentrischen Glauben, das Machtgewicht würde zurückkippen in euren Schoß, eurem kurzsichtigen Vertrauen darauf, dass sich der Lauf der Geschichte nicht ändern lässt, nicht zu unseren Gunsten.

Wir haben die Kinder. Die Kinder sind bei uns.

Wir gebären sie, wir tragen sie, wenn wir fliehen, wir

behalten sie. Wir ziehen sie groß, ohne Väter, die ihnen Gewalt einpflanzen. Ohne schießende, schlagende, mordende Vorbilder, ohne Narrative von Rittern und Rettern.

Wir unterrichten sie, hüllen sie in Liebe. Es ist eine neue Liebe, die nicht ausschließt, die nicht urteilt und nicht zwingt. Diese Liebe ist die wahre Revolution. Sie ist der Kern und der Samen, sie ist die Frucht und die Zukunft.

Was in den Fabriken geschieht, wissen unsere Kinder nicht. Dort entsorgen wir das Gift, damit sie auf jede Art gedeihen können, die ihnen gefällt.

Die Sägen fragen nicht, wie ihr gedroht und gezwungen habt, die Sägen sind emsige Arbeiterinnen. Sie kreischen, wir füttern. Mit Handgelenken füttern wir und mit Ellbogen, mit Steißbeinen, breiten Köpfen und schmalen Köpfen, daran kleben noch Haare, sehr viele Haare. Wir sind eine Entsorgungsmaschinerie. Wir stehen niemals still.

Ein Bild von Tamina Blue hängt in jeder Fabrik, in jedem wiederbelebten Gutshaus. Wir sind Hunderttausende, trotzdem ist sie unser Gesicht. Wir küssen unsere Finger und legen sie auf ihr Bild im Vorbeigehen, und wer möchte, kann denken, sie war wie wir alle: nur eine von vielen und nichts Besonderes. Aber wenn viele, viele leise Stimmen etwas flüstern, kann man sie hören. Wenn viele, viele schwache Hände mit anpacken, können sie alles stemmen, alles meistern, alles aufbauen. Und alles abreißen.

Wir schlitzen auf, ihr blutet aus.

Wir zerschneiden, zerhobeln, zerschinden euch.

Das ist in erster Linie: euer

ENDE.

TONIO SCHACHINGER
HAMBURG–HAMBURG

Als sich meine Eltern scheiden ließen, also irgendwann zwischen meinem fünften und meinem zehnten Geburtstag, ich kann es tatsächlich nicht genauer eingrenzen, weil es sich bei dieser Scheidung um einen jahrelangen Vorgang handelte, von dem Streit zu Weihnachten, als mein Vater nicht essen wollte, was meine Mutter gekocht hatte, über das Mal, als er vom Fahrersitz aus auf sie einschlug, während meine Schwester und ich hinten saßen und weinten, bis zur kleinen Wohnung, in die wir dann zu dritt zogen, kaum fünfzig Meter von der Wohnung meines Vaters entfernt, diese kleine dunkle Wohnung, die uns damals weder klein noch dunkel vorkam, gegen deren Tür mein Vater einmal mit den Fäusten hämmerte und mit dem Fuß trat, bis die Polizei kam, über all die Prozesse, die meine Eltern gegeneinander führten und die alle meine Mutter verlor, weil sie weniger Geld hatte, während die gemeinsamen Freundeskreise sich auflösten, sich alle für eine der unversöhnlichen Seiten entscheiden mussten und sich alle für meinen Vater entschieden, weil sie ursprünglich seine Freunde gewesen waren, als auch seine Familie sich von meiner Mutter abwandte; in dieser Zeit, von der ich mich an besonders schmerzhafte Ausschnitte erinnere und in der auch viele andere, belanglose Erinnerungen situiert sein müssen, wie ich meine nasse Kappe föhne, weil ich glaube, ohne sie unmöglich in den Park gehen zu können, meine Legos arrangiere und mit der Kamera meiner Mutter Fotos von ihnen mache, *damals*, um es mit nur einem Wort zu sagen, damals wurde für meine Mutter die Beziehung zu ihrer Schwester, die in Hamburg lebt, noch wichtiger.

Meine Mutter und meine Tante waren in Mexiko City geboren und aufgewachsen, bis man ihnen mit elf und zwölf Jahren mitteilte, dass die Familie in ein anderes Land ziehen würde, die Heimat des Vaters, Ecuador. Sie maturierten an der Deutschen Schule in Quito und heirateten kurz danach junge Männer aus einem ähnlichen sozialen Umfeld wie dem ihren, die ihnen ermöglichten, ihr Elternhaus zu verlassen, und von denen sie sich wieder abwandten, nachdem offensichtlich geworden war, dass diese Männer für ihre eigenen Ehen die gleiche Rollenverteilung vorgesehen hatten wie jene, mit der sie selbst aufgewachsen waren.

Anfang der 1980er-Jahre, zum ersten Mal frisch geschieden, kamen meine Mutter und meine Tante nach Europa.

Meine Tante studierte in Hamburg Architektur, meine Mutter in Wien Malerei und Translationswissenschaft, meine Tante heiratete einen Deutschen, meine Mutter einen Österreicher, und beide blieben so lange in Deutschland und in Österreich, dass sie für immer bleiben werden, die eine in Wien, die andere in Hamburg, so lange, dass sie nirgendwohin mehr zurückkönnen, nicht nach Mexiko und nicht nach Ecuador, nicht für immer jedenfalls, und sie wurden in dieser Zeit so deutsch und so österreichisch, dass ich mich manchmal frage, wie sehr das schon vorher in ihnen angelegt war, ob sie ihre Entscheidungen getroffen haben, weil sie damals schon so waren wie das Abziehbild der Länder, deren Bürgerinnen sie einmal werden würden, oder ob sie erst hier so geworden sind.

Den Kontakt zum gemeinsamen Bruder in Madrid hatten die beiden schon lange abgebrochen, sonst wohnte niemand von der Verwandtschaft in Europa, und Flugtickets nach Lateinamerika, wo es noch eine andere, riesige Familie gab, die ich kaum kannte und deren Vertraulichkeit mir als Kind deshalb unangenehm war, kosteten damals noch ein Vermögen, also waren nach der Scheidung meiner Eltern meine inzwischen ebenfalls zum zweiten Mal geschiedene Tante in Hamburg und ihre drei Töchter unsere Familie, die Essenz dessen, was ich als Familie verstand.

Ich liebte die Reisen nach Hamburg, liebte den Nachtzug dorthin, der damals tatsächlich die billigste Art zu reisen war und in dem ich manchmal Angst hatte, obwohl meine Mutter mir sagte, mit ihr müsse ich niemals Angst haben, in dem ich aber trotzdem Angst hatte, vor allem das eine Mal, als ein fremder Mann mit uns im Abteil fuhr, der blaue Flecken und Blut im Gesicht hatte und den in der Nacht Polizisten holten. Meine Mutter erklärte uns zwar, dass der Mann völlig harmlos sei und man sich vor den ausländerfeindlichen deutschen Polizisten, die ihn schikanierten, indem sie alle seine Zigaretten aufschnitten, mehr fürchten müsse als vor ihm, doch ich fürchtete mich trotzdem vor ihm, wie ich mich auch vor der Nacht fürchtete, vor der Dunkelheit, vor sehr vielem.

In der Früh, während wir an Hannover vorbeifuhren und die Sonne aufging, brachte der Schaffner Frühstück. Ich liebte das Frühstück im Zug, liebte dieses letzte Stück der Fahrt, liebte die Namen der Stationen, durch die wir fuhren, vor allem den von Hamburg-Harburg. Wenn wir durch Hamburg-Harburg fuhren, presste ich mein Gesicht an die Scheibe und kontrollierte alle Schilder darauf, ob nicht doch auf einem von ihnen Hamburg-Hamburg stand, weil ich mir einbildete, einmal beim Durchfahren eines gesehen zu haben, auf dem Hamburg-Hamburg gestanden hatte, auch wenn mir das niemand glaubte.

Ich liebte Hamburg, obwohl alles, was ich von Hamburg kannte, das Haus meiner Tante in Groß Borstel war. Ich liebte es, nach einer Woche so zu reden wie meine Cousinen, *derbe* zu sagen statt *ur*, liebte es, der Kleinste zu sein und zu allen aufsehen zu können. Und ich liebte und bewunderte meine Cousinen.

Ich liebte meine älteste Cousine, von der mir als Kind jedes Wort bedeutsam erschien. Heute weiß ich, dass sie mit manchem nicht so viel meinte, wie ich damals dachte, aber ich kann mich noch immer an eine ganze Reihe von ihr dahingesagter Sätze erinnern, die damals mein Weltbild erschütterten. Einmal nahm sie mich zum Beispiel mit in den Park, wo sie mit ihren Freunden Hacky Sack spielte und kiffte, und als ich auf dem Weg zurück auf ein älteres Paar zeigte und begeistert sagte: »Schau, die gehen im Gleichschritt«, entgegnete sie: »Wenn sie nichts Besseres zu tun haben«, woraufhin ich Jahre damit verbrachte, darüber nachzudenken, ob womöglich alles, was mir interessant erschien, nur ein Produkt bürgerlicher Langeweile war.

Ich liebte meine mittlere Cousine, die in der Familie als die Kluge und die Schlimme galt, so wie in Familien immer gewisse Eigenschaften auf einzelne Menschen projiziert und über Jahre zu Archetypen verfestigt werden, wobei im spanischen Wort für schlimm, das auf sie angewendet wurde, *tremenda*, auch ein anerkennender Aspekt mitschwingt und man es nicht nur als *fürchterlich,* sondern auch als *kolossal* übersetzen könnte.

Meine mittlere Cousine war auch für meine Entwicklung als Leser prägend. Während ich noch Enid Blyton las, erzählte sie mir von der *Päpstin,* das nicht nur ein erwachseneres Buch war als die mir dadurch lächerlich erscheinenden *Fünf Freunde,* sondern auch viel wichtiger, weil die Geschichte, die darin erzählt wird, auch tatsächlich so passiert und von der katholischen Kirche vertuscht worden war. Später, als ich dann die *Päpstin* gelesen hatte und mit ihr darüber reden wollte, legte sie mir dar, dass dies ein Kinderbuch sei, banale Unterhaltungsliteratur, denn sie las jetzt nur noch Dadaisten und Absurdes Theater, und ich brauchte wieder Jahre, um aufzuholen. Als ich dann mit vierzehn auch *Warten auf Godot* gelesen hatte und meine Bewunderung darüber zum Ausdruck bringen wollte, meinte sie nur: »Ja, klar, lesen kann man das, aber hast du es schon mal aufgeführt gesehen? Einfach nur öde!«

Am meisten liebte und bewunderte ich meine kleinste Cousine. Sie war gleich alt wie meine Schwester, also zwei Jahre älter als ich, und galt in ihrer Kindheit als verwöhnt und sensibel, später vor allem als außergewöhnlich schön. Ihre Schönheit machte sie in gewisser Weise zur Nachfolgerin unserer Großmutter, deren Foto als *reina de belleza* ihrer mexikanischen Heimatstadt wir alle kannten, und sie führte, ebenso wie die Kategorisierungen ihrer Schwestern als die Kreative und die Kluge/*la tremenda,* dazu, dass ihren anderen, von diesem Archetyp abweichenden Eigenschaften wenig Aufmerksamkeit entgegengebracht wurde.

Ich nahm meine jüngste Cousine schon als Kind anders wahr, nicht als die Schöne oder die Verwöhnte, sondern als die mit der größten Begeisterung für unmädchenhafte Beschäftigungen wie Weitpinkelwettbewerbe und Fußball, bei welchen sie ihre geschlechtsbedingten Handicaps überraschend gut ausglich oder überhaupt zu einem Vorteil machte, etwa wenn wir bei einer Hochzeit Fußball spielten und sie im Tor stand und die Bälle mit ihrem zwischen den Beinen gespannten Kleid abwehrte.

Der Film, den wir alle am öftesten gemeinsam sahen, war *Mujercitas*, die Verfilmung von *Little Women* aus dem Jahr 1994, mit Susan Sarandon als Mutter und Kirsten Dunst als Amy, und da ich der Jüngste war und meine Rolle in der Familie ähnlich sah wie die ihre, identifizierte ich mich mit Kirsten Dunst. Ich weinte, als sie weinte, weil alle anderen Kinder Zitronen in die Schule mitbrachten und sie ohne Zitrone eine Außenseiterin war, ich weinte, als ihre Mutter ihr Geld für eine Zitrone gab, obwohl sie es sich nicht leisten konnten, und ganz besonders weinte ich, als Kirsten Dunst weinend im Schnee zurückkam und die Abdrücke der Schläge ihres Lehrers zeigte, der ihr vorgeworfen hatte, sie habe die Zitrone gestohlen.

Als ich den Film neulich wieder ansah, fiel mir auf, wie früh im Film diese Szene situiert ist und dass ich mich an nichts danach erinnern kann. Ich wusste nicht mehr, dass der Vater irgendwann tatsächlich aus dem Krieg zurückkommt, dass Winona Ryder und der Therapeut von *In Treatment* ein Paar werden, dass Christian Bale mitspielt. Für mich war es ein Film, in dem es nur Frauen gab, und damit spiegelte er meine Familie wider, in der es nur Frauen gab und mich, der keine Frau war, aber eben auch noch kein Mann, und der deshalb miterleben durfte, wie das ist, ein Raum ohne Männer.

In Wien verbrachten wir die meiste Zeit mit Marcela, der besten Freundin meiner Mutter, und ihrer Tochter. Marcela und meine Mutter hatten, als sie sich 1990 im Geburtshaus Nußdorf kennenlernten, sofort einige Gemeinsamkeiten festgestellt: Sie waren beide Anfang dreißig, beide Mexikanerinnen, und sie würden beide sehr bald Töchter gebären, deren österreichische Väter Nachnamen hatten, die mit der Silbe *Schach-* begannen. Sie wurden Freundinnen, sahen sich dann einige Jahre lang wenig, während meine Mutter nach Indien zog, dort ihr zweites Kind bekam und danach drei Jahre in Nicaragua lebte. Erst durch die Trennung meiner Eltern, in deren Folge meine Mutter zum ersten Mal in ihrem Leben sesshaft wurde, rückten sie wieder näher zusammen, und Marcela füllte die Rolle aus, deren Konzept mir aus den Sackmeier-Büchern von Christine Nöstlinger bekannt war: die Freundin, die die Mutter zur Scheidung motiviert, sie in diesem Prozess unterstützt und mit der sie danach neue Hobbys teilt, auf Partys geht, Reisen und Ausflüge unternimmt, während ihre Kinder gar nicht anders können, als ebenfalls Freunde zu werden.

Im Sommer gingen Marcela, ihre Tochter, meine Mutter, meine Schwester und ich ins Freibad Gänsehäufel, und zwar immer in den FKK-Bereich, wo die meisten Menschen so dick waren, dass man ihr Geschlechtsteil nicht sehen konnte und wo meine Mutter einmal auf eine ältere Frau zeigte, die nackt im knöcheltiefen Wasser stand und in die Luft schaute, und sagte: »Schau, das ist unsere Scheidungsrichterin!«

Einmal die Woche fuhren wir zudem im dreitürigen, weißen Renault Clio meiner Mutter vom 4. Bezirk zum Franz-Josefs-Bahnhof, um Marcela und ihre Tochter abzuholen, die direkt daneben wohnten, und dann gemeinsam zu einem Reiterhof in Niederösterreich. Ich fand den Franz-Josefs-Bahnhof unheimlich, nicht nur weil er tatsächlich unheimlich ist, mit seiner verspiegelten Fassade und seinem Missverhältnis zwischen Innen und Außen, sondern weil meine Mutter uns schon als Kinder erzählt hatte, dass von dort viele Wiener Juden ins KZ gebracht worden waren und der Ort deshalb für immer belastet bleiben würde, verflucht, so wie der Morzinplatz es war und viele andere Straßen, Parks und Wohnungen.

Wir fuhren die Strecke von Marcelas Wohnung zum Reiterhof so oft, dass ich noch heute jedes Mal an diese Ausflüge denke, wenn ich die Lände stadtauswärts fahre oder an der Brücke mit den Löwen bei Nußdorf vorbeikomme, an der Bude mit Pferdeleberkäse und dem Solarium bei der Friedensbrücke, wo tatsächlich noch genau das gleiche Foto einer Frau mit nacktem Oberkörper hängt, das schon damals dort gehangen hat und das mich als Kind faszinierte, weil es mir wie das Gegenteil dessen erschien, was ich vom FKK-Bereich im Gänsehäufel kannte.

Im Gegensatz zu Marcela und meiner Mutter, die vor gar nichts Angst zu haben schienen, und den Mädchen, die zwar auch vor vielem Angst hatten, aber vor Pferden eben nicht, hatte ich große Angst vor Pferden. Das einzige Pferd, vor dem ich keine Angst hatte, war ein dickes weißes Pony namens Milky Way, das bei den Ausritten alle paar Meter stehen blieb, um zu fressen. Als man mir irgendwann sagte, ich sei zu groß für Milky Way und müsse jetzt auf einem der richtigen Pferde reiten, die riesig und braun waren und Namen wie Blitz oder Zorro trugen, war ich erleichtert, mit dem Reiten aufhören zu können.

Vor Kurzem fragte mich meine Mutter, woran ich gerade schreibe, und ich erzählte ihr von dieser Anthologie, woraufhin sie sagte: »Na, dann weißt du ja schon, über was du schreiben wirst«, denn ihr erschien selbstverständlich, dass der Kontext, in dem ich aufgewachsen bin, ein matriarchaler war, und sie nahm vor allem an, ich könne über nichts anderes schreiben. Dann überraschte sie mich damit, mir zu beichten, dass sie meine ganze Kindheit und Jugend über Angst gehabt hatte, ich werde ein defizitärer Mann werden, weil ich so viel Zeit ohne Männer verbracht hatte. Dass sie mich nur deshalb mit acht Jahren für Judo eingeschrieben hatte und enttäuscht gewesen war, als sich herausstellte, dass der Kurs von einer Frau unterrichtet wurde.

Ich erinnere mich nicht daran, diese Sorge je bemerkt zu haben, weder beim Judo, von dem ich dachte, es sei mein eigener Wunsch gewesen, und das ich nach wenigen Monaten abbrach, noch später, als Teenager, als meine besten Freunde alle Freundinnen waren und meine Mutter mich jeden Sommer zu überreden versuchte, in der Tischlerei eines Bekannten in Vorarlberg zu arbeiten. Mit achtzehn, als meine Mutter mich dazu drängte, zum Bundesheer zu gehen, und sogar einen Berufssoldaten organisierte, der mir einen halbstündigen Vortrag darüber hielt, wie klug es wäre, nicht nur zum Heer zu gehen, sondern mich gleich als Einjährig-Freiwilliger zu verpflichten, dachte ich, es ginge ihr darum, dass mir beim Heer Ordnung beigebracht werde, nicht darum, die Lektionen in Männlichkeit auszugleichen, die ich offenbar verpasst hatte, während ich mit meinen Cousinen die Sissy-Filme schaute.

Ein *richtiger* Mann zu sein, bedeutete für meine Mutter, selbstständig zu sein und technisch geschickt, *alles zu können*, wie ihre liebste Chiffre dafür lautete. Mit *alles* waren aber vor allem handwerkliche Tätigkeiten gemeint, *alles* hieß Fliesen zu legen und ein Dach zu decken, Autos zu reparieren, Böden selbst zu schleifen, aber eben auch Reis zu kochen und Hemden zu bügeln. Das einzige Beispiel, das diesem Bild von Männlichkeit nahekam, war der Vater meines Vaters gewesen, dessen Selbstständigkeit zwar nie auf die Probe gestellt worden war, weil er ja meine Oma an seiner Seite hatte, der aber immerhin die Eltern meiner Mutter bei ihrem ersten Kennenlernen damit geschockt hatte, beim Schälen der Äpfel für den Apfelstrudel mitzuhelfen – ein beinahe subversiver Akt in Lateinamerika, wo es in seiner Generation normaler gewesen war, eine Frau zu sehen, die ihrem Mann das weiche Ei salzt, als einen Mann, der seiner Frau beim Schneiden einer Zutat fürs Essen hilft.

Das Bild, das meine Mutter von *richtigen Männern* hatte, entstand also eigentlich als Negativ der Männer um sie herum und bildete für mich einen logischen Gegensatz dazu, dass diejenigen, die *alles* konnten, in unserer Familie immer Frauen waren und es bis heute sind.

Sie schenkte mir eine Kindheit, in der ich mich selbst dazu entscheiden konnte, zum Faschingsfest im Kindergarten als Mädchen verkleidet zu kommen. Nicht weil ich kein Junge sein wollte, sondern weil ich gern mal sehen wollte, wie es ist, ein Kleid zu tragen und geschminkt zu werden, und weil ich mir, zu Recht, wie sich schnell zeigen sollte, erwartete, dass mein Kostüm all die Cowboys und Clowns in den Schatten stellen würde. Sie schenkte mir die Freiheit, mir keine Sorgen um meine Männlichkeit machen zu müssen, und machte sich selbst welche, und sie schenkte mir die Freiheit, diese Sorgen nicht nachvollziehen zu können.

SIMONE HIRTH
HEISSE LUFT. EINE KLEINE BÜCHERSCHAU

ALSO SPRACHS: WO KOMMT DER FRUST HER?

Jüngst meldete sich der inzwischen auf dem Zenit seines Lebens angekommene Friedrich Nietzsche (39) mit einer neuen Publikation zu Wort. In *Also sprach Zarathustra* steigt ein Meister vom Berg herunter, um zu verbreiten, was er dort oben gelernt hat: dass er kein Meister sei, weil es im Leben keine Meister geben könne. Dass er ferner nichts predigen könne, weil er auf dieser Welt nichts zu predigen wüsste. Und nebenbei noch eine Menge anderer »Weisheiten« (#esistnochkeinmeistervomhimmelgefallen), bei denen sich während des Lesens niemand sicher sein kann, ob diese den Hormonen einer nahenden Midlife-Crisis des Autors zuzuschreiben sind oder schlicht das Produkt totaler Unterforderung (der Autor ist kinderlos, durfte durch eine nahezu hürdenlose Universitätskarriere gleiten und verbrachte die letzten Jahre wegen angeblicher Migräne vorwiegend spazierend durch Kurorte in der Schweiz, Italien und Frankreich) und daraus resultierendem Übermut. *Übermütig* ist auch auf stilistischer Ebene das Wort, das Nietzsches neuestes Prosastück, das sprachlich immer wieder ins rührselig Lyrische und peinlich Präpotente abdriftet, am besten beschreibt. Eine klare, strukturierte, epische Erzählweise und ein sachlicher Ton, der dem größtenteils aus fahrigen und nicht selten jeder Logik entbehrenden Aphorismen gutgetan hätte, wird der Leserin hier kaum gegönnt. Die Überfülle an Metaphern, Gleichnissen und Assoziationen im Text lässt weniger auf literarische Handwerkskunst schließen, legt sie doch eher eine Art hysterischer Verkünderwillen des Autors nahe, bei dem jedoch fraglich scheint, ob privater Frust oder narzisstische Selbstüberschätzung seinen Ursprung bilden. Fakt ist, dass Zarathustra mit einem etwas zu großen Selbstvertrauen aller Welt seine philosophischen Ergüsse entgegenposaunt, ungeachtet dessen, ob die Welt diese hören möchte oder nicht. Ergüsse im Übrigen, deren Sinnhaftigkeit beziehungsweise Bodenhaftung größtenteils zweifelhaft erscheinen und deren Inhalte nicht selten abgedroschen sind. Vieles hat frau schon mal gelesen, vieles muss sie nicht mehr lesen, weil sie es aus der eigenen, reichen Lebenserfahrung längst weiß: »Schmerz ist auch eine Lust, Fluch ist auch ein Segen, des Nachts ist auch eine Sonne – geht davon, oder ihr lernt: Ein Weiser ist auch ein Narr.«

Ja, Herr Nietzsche – möchte frau da rufen –, natürlich! Oder was haben Sie denn *sonst* geglaubt!?

Dass *Also sprach Zarathustra* verkaufstechnisch Startschwierigkeiten hat, verwundert leider nicht, bei allem Respekt vor dem beachtlichen Umfang des Werkes. Und wenn der Autor selbst davon spricht, eine achtzehnmonatige »Schwangerschaft« durchlebt zu haben, bis der erste Teil des Werkes »geboren« werden konnte, so wünscht frau ihm an dieser Stelle, in Zukunft noch eine normale, zehnmonatige Schwangerschaft durchleben zu dürfen. Mit allem, was dazugehört: Übelkeit und Erbrechen, Kreislaufprobleme, Wassereinlagerungen, Rückenschmerzen, Schlafstörungen, *richtige* Wehen am Ende und ein echtes Baby, das herausgepresst werden muss – idealerweise eines mit einem sehr großen Kopf.

JEDERFRAU FRAGT SICH: WOZU DAS TAMTAM?

Traditionen werden zum Glück immer öfter hinterfragt. So wäre auch die Stadt Salzburg gut beraten, eine ihrer langjährigen Sommertraditionen – die alljährliche Aufführung von Hofmannsthals *Jedermann* nämlich – in fortgeschrittenen Zeiten wie diesen endlich gründlich zu hinterfragen. Denn worum geht es in diesem schmalen Werk, das untertitelt ist mit »Das Spiel vom Sterben des reichen Mannes«? Ist der reiche Mann nicht längst tot? Oder, falls noch nicht überall: Wer ist noch daran interessiert, von der Art seines Abgangs zu lesen oder sich diesen jämmerlichen Abgang gar über mehrere Stunden und mit viel hysterischem Männergeschrei und ins Publikum gespritzten Krokodilstränen auf einer Bühne anzuschauen?

Hugo von Hofmannsthal, den frau als einzigen Sohn einer Wiener Bankiersfamilie leider durchaus als etwas frühreif und verwöhnt bezeichnen muss, hatte sicher große Absichten, als er sein »Werk« verfasste: Den moralischen Zeigefinger wollte er literarisch erheben, um alle Welt zu belehren, was Reichtum, Habgier und Egoismus aus einem Menschen machen können. Leider – es ist ihm nur durch seine überbehütete Herkunft und Unreife zu verzeihen – tut er dies auf derart naive und geschwätzige Art und Weise, dass frau rufen möchte: Hugo, das wissen wir doch längst! Pack dein phallisch anmutendes Moralkeulchen ein, damit machst du dich lächerlich! Und steig mal auf deinen kaiserlich-königlichen Tellerrand, um darüber zu schauen: Da draußen wartet die Welt!

Einerseits sind es ja nur vierundsiebzig Seiten, es kostet bei Reclam nur knapp drei Euro, da ist nicht viel kaputt, und der Autor wollte eben etwas loswerden – das ist die Freiheit der Kunst. Andererseits endet die Freiheit der Kunst jedoch, sobald andere durch ein Kunstwerk beleidigt werden. Einer Frau zu unterstellen, sie »buhle« um diesen alten, verstockten, reichen Mann, grenzt an den Tatbestand grober Herabwürdigung. Dieser wird mittlerweile – Göttin sei Dank! – strafrechtlich verfolgt. So sollte es nicht zu viel verlangt sein, das schmale Bändchen fortan zumindest aus der Riege der »Klassiker« zu verbannen, um umfassenderen, weitsichtigeren, moralisch tiefgründigeren Werken Platz zu machen. In Salzburg ließe sich sicher ein geistreicheres Sommerprogramm finden. Oder, für alle, die auf Tamtam nicht verzichten wollen, wie wäre es schlicht mit einem echten Zirkus? Affen, Elefanten, Clowns, großes Spektakel – vielleicht wären die Bedürfnisse der letzten paar reichen Männer, die einen Großteil der Zuschauer in Salzburg bilden, auf diese Weise angemessen zu befriedigen.

VON EINEM, DER AUSZOG, SEINE LUXURIÖSE MENGE AN FREIZEIT ZU VERGEUDEN

Zugegeben, bei den ersten Sätzen dieses doch überschaubar dicken Bändchens, das Joseph von Eichendorff nach auffällig vielen arbeitsreichen Jahren nun präsentierte, kommt ein gewisses Mitleid für den jungen Protagonisten auf: So ein garstiger Vater, was macht der für einen Stress? Kann er den Jungen nicht ein bisschen chillen und fünf gerade sein lassen, sich entspannen, mal vom Gas gehen?

Doch in der Folge beginnt die Leserin schnell, die Wut des schwer arbeitenden Vaters (und ja, es ist ja tatsächlich so: Die Mühlen mahlen und drehen sich weiter, und einer oder eine muss dafür zuständig sein!) zu verstehen. Beim Sohn, der in die Welt hinausgeschickt wird, um sich nicht länger unter der Obhut des Vaters auf die faule Haut zu legen, handelt es sich offensichtlich um einen Taugenichts. Und es scheint fragwürdig, was an dieser Bezeichnung positiv, ja gar romantisch sein soll. Ist es eine positive oder romantische Eigenschaft, wenn einer scheinbar zu nichts nütze ist, als die Blumen und die Vögel zu besingen? Nichts gegen die Dichtkunst, aber schließt das Dichten aus, dass frau (in diesem Fall: man) Verantwortung für das eigene Leben übernimmt? Muss ein Dichter nichts weiter können und tun, als sich treiben zu lassen und sich immer und überall den »Stimmungen« hinzugeben?

Würde frau mal einige zeitgenössische Dichterinnen fragen, von denen nicht wenige auch Mütter sind, wäre die Antwort wohl: Wenn die dichtende Frau sich den lieben langen Tag treiben ließe, würden wohl ein paar süße, niedliche Zeilen dabei herauskommen, diese aber wären weder von größerer Tragweite, noch würden sie dazu ausreichen, die Kinder zu ernähren, sprich: die Mühle am Laufen zu halten. Und wer würde eigentlich die Schulaufgaben mit den Kindern machen, ihnen kochen, ihre Wäsche waschen, sie trösten, ins Bett bringen, da sein, wenn sie einen brauchen – wenn die Mütter sich treiben ließen und ihren Stimmungen nachhingen? Und da Frauen *trotzdem* dichten, *obwohl* sie viel mehr tun, als unbeschwert durch die Lande zu ziehen und sich am Flieder zu erfreuen, möchte frau den Autor fragen: Wer braucht diese Art der Romantik, die Sie hier beschreiben, Herr Eichendorff? Und wer, außer einem durch Ihre Erzählung mit dem Privileg der naiven, glücklichen Fügung seines Schicksals ausgestattete Taugenichts, kann sie sich leisten?

Nun, der Ton der Novelle ist plauderhaft, frivol, leicht, oft ins Märchenhafte abdriftend. Die Leserin könnte vermuten: Der Autor hat sich über ein paar Jahre hinweg eben der vergnüglichen Arbeit an diesem Text gewidmet, um sich selbst bei Laune zu halten. Die Frage ist doch aber: Wollen wir als anspruchsvolle Leserinnen bei Laune gehalten werden, oder wollen wir Literatur, die auf Inhalten, Lebenserfahrung, kritischer Denkweise basiert?

Der Autor wäre wohl besser damit beraten gewesen, seiner romantischen Gesinnung ehrlicher zu entsprechen, indem er das Drehbuch für eine Soap-Opera geschrieben hätte. Als Novelle kommt *Aus dem Leben eines Taugenichts* nämlich doch allzu leichtfüßig daher, zu unbedarft, zu oberflächlich heiter. Nicht mal als Märchen und Gutenachtlektüre für die Kleinen taugt der Taugenichts: Sollen die Kleinen als Moral aus der Geschichte ziehen, dass sie sich um nichts kümmern müssen, fröhlich in den Tag hineinleben sollen, keine Verantwortung für nichts übernehmen zu brauchen, und am Ende ist trotzdem alles gut? Eher nicht.

Frau darf gespannt sein, ob Eichendorff seine »naive Phase« mit zunehmendem Alter und wachsender Lebenserfahrung (obwohl, der Jüngste ist er ohnehin nicht mehr ...) überwindet und uns beim nächsten Wurf eine Geschichte präsentiert, die Hand und Fuß hat. Und vor allem: gesellschaftliche Relevanz. Diese lässt im *Taugenichts* vergeblich auf sich warten.

DER ZAUBERZWERG

Ein Kuraufenthalt kann sehr erfrischend wirken. Er kann dazu beitragen, neuen Mut zu fassen, auf andere Gedanken zu kommen, ja gar dazu, große Ideen zu gebären. Bekäme frau jetzt und hier die Gelegenheit, drei Wochen in einem idyllisch auf dem Berg gelegenen Sanatorium in der Schweiz zu verbringen, würde sie diese drei Wochen sicherlich nutzen, um sich rundum zu erneuern, zu stärken, sich zu besinnen, und sie würde nach diesen drei Wochen munter ins Tal hinabsteigen und die Dinge wieder in die Hand nehmen, ihren Alltag weiter bestreiten, vielleicht sogar verändern, und vielleicht sogar mehr als nur ihren Alltag ... Sie hätte in diesen drei Wochen jedenfalls ruhend etwas weitergebracht.

Nicht so Hans Castorp, der Protagonist des dritten Romans des bisher als talentiert bezeichneten, vielleicht aber auch einfach schon etwas in die Jahre gekommenen Autors Thomas Mann (49). Hans Castorp lässt aus geplanten drei Wochen Kuraufenthalt ganze sieben Jahre werden, denn immer kommt etwas dazwischen, immer gibt es etwas, das ihn doch noch länger hält. Zu Anfangs leichtes Fieber (aber mal ehrlich, welche Frau und Mutter hat nicht schon trotz leichtem Fieber volle Arbeitsleistung erbracht und »nebenbei« noch Haushalt und Kinder versorgt, anstatt sich leidend in einem Sanatorium zu verkriechen), später schwächelt er generell vor sich hin, dann verliebt er sich auch noch (natürlich unglücklich) und möchte von seiner Angebeteten nicht mehr fort. Gut, wer es sich erlauben kann, sieben Jahre lang einfach »weg« zu bleiben, auf einem Berg zu sitzen und nichts zu tun, außer den nicht selten pseudo-philosophisch anmutenden Ergüssen seiner Kurkollegen zu lauschen, sich einer aussichtslosen Liebe hinzugeben, sich auf seine Wehwehchen zu konzentrieren und seine Wunden zu lecken – dem sei es gegönnt. Liest frau aber über tausend Seiten darüber, wie dieser leicht hypochondrisch wirkende, devote und etwas träge Charakter sich Tee trinkend durch die Jahre schleppt, wird sie doch von einer gewissen Wut gepackt. Frau möchte Hans Castorp zurufen: Reiß dich zusammen! Pack es an! Sei kein Frosch!

Castorp aber scheint sich der Situation, nicht mehr fort »zu können«, nicht ungern auszuliefern, und unternimmt, je länger seine Abreise sich verzögert, immer gelangweiltere Versuche, diese anzustreben. Leider verursacht das auch bei der Leserin auf Dauer große Langeweile.

Die Diskurse über Gott und die Welt, die sich die Kurkollegen Castorps liefern und denen er bis zur Ermüdung lauscht (sich in seiner Lethargie aber natürlich fast nie einmischt), hätten eine Chance sein können, diesem Roman einen Hauch Leben einzuflößen, ihm auf einer reduzierten Handlungsebene ein schillerndes Moment zu verleihen. Doch leider sind auch diese Diskurse nur selten neu oder innovativ, die Inhalte wirken allzu bekannt und dadurch banal. Die Art der einzelnen Diskurse, die auf dem »Zauberberg« geführt werden, muten in ihrer simplen Wiedererkennbarkeit und durch übertrieben beschriebene Gestik nicht selten kabarettistisch an und laden so leider nicht zum Weiterdenken an, sondern höchstens zum ermüdeten Schenkelklopfen oder einfach zum Überfliegen und Umblättern.

Übertrieben in die Länge gezogen wirkt der Roman im Übrigen auch sprachlich. Es gibt wohl kaum ein Buch, das aus längeren Sätzen und minutiöseren Beschreibungen besteht. Würde es sich beim Inhalt, um den diese Beschreibungen sich ranken wie Efeu, der zurückgeschnitten gehört, um Überraschendes oder Ungewöhnliches handeln, wären die sprachlichen Ausuferungen vielleicht zu verzeihen. So aber ist es einfach ein sehr langer Kuraufenthalt, an dessen Ende totale Ermüdung steht.

Der Verlag wäre besser beraten gewesen, dem Autor einen Lektor zuzumuten, der sich traut, radikal zu kürzen. Ein *Zauberzwerg* wäre sicher knackiger gewesen als das vorliegende Monstrum. So kaut frau lange auf diesem Roman herum und schmeckt am Ende nur Fastentee. Schade. Das Thema Kur hätte eigentlich Potenzial.

WAS IS' ES?

Das Wort *unkonventionell* scheint jüngst eine Mode geworden zu sein, eine Art Pullover, unter dem sich in Wirklichkeit die komplette Ratlosigkeit oder schlicht *nichts* versteckt. Da der Pullover sehr dick und gut gestrickt ist, behält er aber trotz reduziertem Inhalt seine Form, wirkt sogar üppig, trägt positiv auf. Auch der stets etwas verhärmt wirkende James Joyce (Jahrgang 1882) scheint auf den Geschmack dieser Mode gekommen zu sein, setzt er uns doch mit *Ulysses* nun ein über tausendseitiges Werk vor, in dem er nichts mehr als einen einzigen Tag im Leben eines, nun, frau könnte sagen, etwas verwirrten, oder, positiver ausgedrückt, sinnsuchenden Herrn namens Leopold Bloom in Dublin beschreibt. Joyce selbst gibt an, sich mit den vielen »Rätseln«, die sein Roman enthalte und über die sich Professoren wohl noch über Jahrhunderte streiten würden, nichts Geringeres als die Unsterblichkeit gesichert zu haben. Nun, Bescheidenheit ist eine Zier, von der dieser Autor scheinbar noch nichts gehört hat, was frau auch den überbordenden Sprachexperimenten anmerkt, aus denen sein aktuelles Buch ausschließlich besteht. Von manchen gefeiert als »Jahrhundertwerk«, als *der* »Großstadt-Roman« schlechthin und »Revolution des Erzählens«, fragt sich die Leserin, ob diese Lobeshymnen auf tiefgehender und umfassender Lektüre gründen oder schlicht der naiven Ehrfurcht entsprangen, die dieses größenwahnsinnig anmutende Buch allein durch seine Dicke und die geradezu nach Ausdruck und Aufmerksamkeit heischende Art, die Wörter zu setzen, heraufbeschwört. Unverhohlen angelehnt an Homers *Odyssee* (gehts noch eine Nummer größer?), war sich der Autor wohl keiner Maßlosigkeit zu schade. Maßlosigkeit allein wäre per se kein Grund, ein literarisches Werk zu kritisieren, doch stellt sich die Frage, womit hier maßlos umgegangen wird. Die Vermutung liegt nahe: vor allem mit dem unreflektiert selbstbewussten Ego des Verfassers.

Avantgarde? Stream of Consciousness? Direktheit? Skandalisierung? Schön und gut. Doch wenn viele Bewusstseinsströme sich über mehr als tausend Seiten vermischen, entsteht daraus, bei aller Ambition, besonders oder »modisch« sein zu wollen, kaum mehr als das: eine große Portion heiße Luft.

ALLES ANDERE ALS FRISCH

Die Story ist simpel, leider auch flach: Ein verkopfter Mann reist durch die Welt, hat oberflächliche, gefühlsarme Affären mit Frauen, verliebt sich schließlich in eine bedeutend jüngere Frau (sofern bei einem Egozentriker von Liebe die Rede sein kann) und muss feststellen, dass es sich um seine eigene Tochter handelt.

Der Protagonist des neuen Romans von Max Frisch

(46), Titel: *Homo faber*, ist und bleibt einsam, zusätzlich wird er auch noch krank. Liebe und Lebensfreude scheinen Walter Faber nicht vergönnt zu sein, es ist ein armer, emotionsgestörter Herr. Mitleid aber hat frau keines.

Wer möchte heute noch von solchen Männercharakteren lesen, die wir längst ausgestorben glaubten? Wer muss noch daran erinnert werden, dass es meist Frauen sind, die Sinn für Zwischentöne, Feinheiten, Kunst, emotionale Zusammenhänge haben, während sich Männer wie Walter Faber völlig blind und mechanisch durch ihr übertechnisiertes Leben quälen? Und wer braucht noch das Klischee vom älteren Herrn, der sich eine Jüngere aufreißt, die seine Tochter sein könnte, und die – der Plattheit werden hier keine Grenzen gesetzt – in diesem Roman tatsächlich diese Tochter *ist*?

Einzig als positiv anzurechnen ist dem Autor, dass er sein Buch von vorneherein selbst mit »Ein Bericht« untertitelt hat. Er macht der Leserin gewissermaßen nichts vor, denn mehr als einen nüchternen Bericht scheint das Thema heutzutage wirklich nicht mehr wert, muten sämtliche Inhalte doch allzu abgedroschen und überholt an. Fragt sich, warum überhaupt darüber berichtet werden muss. Talentiert scheint Max Frisch ja zu sein, zumindest wurde ihm nach seinem Vorgängerwerk *Stiller*, das sich ganz passabel verkaufte, ein gewisses Talent nachgesagt. Vielleicht wäre es ratsam gewesen, bei der eigenen Familie zu bleiben und weiterhin als Architekt zu arbeiten (#bodenhaftung, #alltagsnähe) anstatt sich als »freier Schriftsteller« behaupten zu wollen, was einen leicht verbissenen und mitunter stilistisch (nicht nur emotional) armseligen Ton erzeugt haben dürfte und ein Interesse an Charakteren, die in der Lebenswirklichkeit der modernen Gesellschaft zum Glück vom Aussterben bedroht sind. Frau könnte sich allerhand frischere Inhalte und Persönlichkeiten vorstellen, über die es sich gelohnt hätte, zu »berichten«. So aber bleibt nichts von *Homo faber* außer einem staubigen Nachgeschmack.

JAROSLAV RUDIŠ
LIBUŠE. EIN DRAMOLETT

SUSE

MAREK

LIBUŠE

Es regnet. Marek und Suse gehen durch den dichten Wald. Sie tragen Regenmäntel. Sie haben sich im Wald verlaufen. Suse schaut die ganze Zeit auf ihr Handy.
Die Schüsse.

MAREK   Was war das?

SUSE   Was?

MAREK   Die Schüsse.

SUSE   Das war sicher nur der Sturm.

MAREK   Vielleicht Jäger?

SUSE   Bei dem Wetter geht niemand auf Jagd.

MAREK   Geistergegend. Hier lebt sicher niemand mehr.

Sie gehen weiter.

MAREK   Weißt du, was ich glaube? Vielleicht gibt es uns gar nicht.

SUSE	Marek … Nicht schon wieder deine Verschwörungstheorien …
MAREK	Das ist keine Verschwörung. Vielleicht existieren wir wirklich nicht. Wir Männer, wir Frauen, wir Menschen. Vielleicht ist es auch gut so. Die Liebe ist zwar verschwunden, aber auch der Streit, der ganze Stress …
SUSE	Marek …
MAREK	Vielleicht ist unser Leben nur eine Spiegelung des Lebens, eine Spiegelung von dem, was wir gelebt haben. Oder was jemand schon vor uns gelebt hat. Die Sterne, die Milchstraße, das Universum, alles spiegelt das Leben wider, die ganze Geschichte der Menschheit.
SUSE	Marek …
MAREK	Aber weißt du, was daran richtig spooky ist, falls es wirklich so ist, bedeutet das, dass das Leben hier auf der Erde kein gutes Ende genommen hat. Dass alle gestorben sind. Wir haben uns so lange gestritten, bis wir uns alle umgebracht haben. Und falls es sich wirklich spiegelt, dann sind alle unsere Freunde auch schon längst tot. Auch meine Mami … Mami! Oh my God, das will ich nicht …
SUSE	Marek …
MAREK	Was nach uns bleibt, ist nur diese Spiegelung. Doch die wird auch immer schwächer, wenn die Spiegelung von einem kosmischen Spiegel zum anderen Spiegel reist. Eines Tages gibt es uns dann gar nicht mehr. Wir sind weg. Aus und vorbei. Final cut. Aber vielleicht ist es gut so.
SUSE	Marek …

MAREK   Jetzt haben wir endlich Ruhe.

SUSE   Marek, ich bitte dich, ja, ja, es endet, aber
          doch nicht gleich.

MAREK   Vielleicht kannst du es ausrechnen, wenn du
          dich mit den Zahlen so gut auskennst, damit
          wir wissen, wann es passiert, wie viel Zeit uns
          noch bleibt.

SUSE   Ach … Wir haben noch viel Zeit.

MAREK   Das glaub ich nicht.

SUSE   Doch.

MAREK   Boah, was stinkt hier so strange? Der Wald
          muss doch nach Weihnachten duften, aber
          hier riecht es nach Katzenpisse. Das ist doch
          nicht die possibility. Strange. Riechst du es
          wirklich nicht? Katzenpisse. Schon seit wir
          in Dresden losgefahren sind, stinkt es nach
          Katzenpisse.

SUSE   Wir sind in Leipzig losgefahren.

MAREK   Sag ich doch.

Sie gehen weiter durch den dichten Wald.

SUSE   Vorsicht, Marek, ein Loch!

Suse reißt Marek zur Seite.

MAREK   Scheiße. Was ist das?

Sie schauen in eine tiefe Grube im Berg.

MAREK   So was habe ich noch nie gesehen. Hallo,
          hallo? Ist da jemand, hallo? Wie tief ist es, was
          denkst du?

SUSE	Sehr tief. Sicher eine Bergbaugrube. Aus dem Mittelalter.
MAREK	Hallo, hallo … Du, da ist jemand. Hörst du das?
SUSE	Nein.
MAREK	Da stöhnt jemand. Hörst du das nicht, das ganz leise Stöhnen?
SUSE	Das ist der Wind.

Marek nimmt einen Stein und wirft ihn in die Grube.

MAREK	Warte … Mann, verdammt tief, man hats gar nicht gehört, als der Stein unten aufgeschlagen ist.
SUSE	Lass uns gehen.

Doch Marek schaut weiter in die Grube.

MAREK	Weißt du, was ich denke?
SUSE	Ach Marek …
MAREK	Solche Orte verbinden vielleicht unsere Welt mit einer anderen Welt. Lass uns da runtersteigen und nachsehen.
SUSE	Was?
MAREK	Ja, lass uns schauen, was da ist.

Marek starrt in die Grube.

SUSE	Marek, ich bitte dich, komm …
MAREK	Hallo, hallo … Was stinkt hier so strange? Ist das nicht diese Grube? Ein Wald muss doch irgendwie nach Wald duften, weißt du, wie im Baumarkt, in der Baumabteilung, weißt

du, oder bei der Mami zu Weihnachten, weißt
du, da duftet die Tanne immer so schön, aber
der Wald hier stinkt so strange … Ich höre es
wieder, es kommt von da … Ich schaue mal
nach.

*Marek steigt in die Grube. Er stolpert. Er fällt. Suse zieht ihn
mit viel Mühe wieder hoch.*

SUSE   Du Stadtkind. Ich kann dich nicht immer
     retten.
MAREK Du musst mich auch gar nicht retten. Ich
     hätte es geschafft.
SUSE   Hm …
MAREK Es ist doch nichts passiert.
SUSE   Hm …

Sie gehen weiter durch den Wald.

MAREK Wann sind wir endlich da?

Schweigen.

MAREK Hallo, ich habe dich was gefragt …
SUSE   Hm …
MAREK Warum sagst du nichts?
SUSE   Ich rieche nichts.
MAREK Aber ich rieche es. So strange. Ich rieche es
     die ganze Zeit. Das muss ein totes Tier sein,
     oder?
SUSE   Ich rieche nichts.
MAREK Vielleicht ist es ein Bär oder so.
SUSE   Hier sind keine Bären.

MAREK	Oder ein Waschbär?
SUSE	Hm.
MAREK	Oder der Bärlauch?
SUSE	Hm.
MAREK	Oder ein Wolf. Ein Wolf kann es auf jeden Fall sein.
SUSE	Hier gibt es keine Wölfe.
MAREK	Meine Mami sagt, der Wolf ist zurück.
SUSE	Ja, deine Mutter … Vielleicht, aber sicher nicht hier.
MAREK	Leben dort eigentlich Wölfe?
SUSE	Vielleicht … Ich weiß nicht …
MAREK	Da gibt es ganz sicher Wölfe. Da gibt es doch noch wilde Natur, wild Wildness. Dann vielleicht ein toter Baum?
SUSE	Was?
MAREK	Vielleicht ist es ein toter Baum, der hier so stinkt? Der Wald, der stirbt?
SUSE	Du bist vielleicht ein toter Baum. Hier stirbt der Wald immer wieder, das ist normal, das gehört zum Wald, hat meine Mutter gesagt. Und die Bäume kommen immer wieder neu, hat sie gesagt. Den Wald kannst du nicht so einfach umbringen wie einen Menschen.
MAREK	Das hat sie auch gesagt?
SUSE	Das hat meine Tante gesagt, Libuše. Alte Bäume stinken nicht, wenn sie sterben. Sie duften schön süß, wenn sie vermodern. Sie fallen um, die Erde umarmt sich und verschluckt, sie zerfallen und werden wiedergeboren. Das hat meine Tante immer erzählt.
MAREK	Die sterbenden Bäume müssen stinken.

SUSE   Woher willst du das wissen? Wann warst du
              überhaupt mal vorher im Wald oder in den
              Bergen?

Suse schaut auf ihr Handy.

MAREK   Na ja, aus der Großstadt ist es sehr, sehr, sehr,
              sehr weit in den Wald, ich kann nichts dafür,
              dass wir mit meiner Mami immer am Meer
              waren. Hörst du mir zu? Nein, hörst du nicht.
              Du schaust auf dein Handy.
SUSE   Ich höre dir zu. Ich suche aber auch den
              Weg.
MAREK   Alles, was ich mir wünsche, ist, dass du mir
              einfach zuhörst.
SUSE   Ich auch.
MAREK   Mehr brauche ich nicht. Nur zuhören.
SUSE   Genau.
MAREK   Nur zuhören, und alles wird gut.
SUSE   Gut.
MAREK   Ich höre dir zu.
SUSE   Ich dir doch auch.
MAREK   Dann lass das Handy weg. Wir sind in der
              Natur.
SUSE   Wir müssen dahin. Dort, siehst du, die Lich-
              tung …

Sie gehen.

MAREK   Du, was ich dir sagen wollte, ich habe es
              meiner Mami noch nicht gesagt.
SUSE   Was denn?
MAREK   Dass wir auswandern.

SUSE	Warum nicht? Hast du Angst vor ihr, oder was …
MAREK	Nein, wieso?
SUSE	Aber dann …
MAREK	Das wird sie nicht überleben. Sie wird tot umfallen, wenn ich es ihr sage … Lass das Handy weg.
SUSE	Ich kann den Weg nicht finden.
MAREK	Ich dachte, du kennst dich hier aus. Du kommst doch von hier.
SUSE	Ja, ja, aber, du musst es ihr einfach sagen. Wir fliegen doch schon nächste Woche.
MAREK	Ich weiß, wie soll ich es nur machen? Wie, wie, wie? So complicated.
SUSE	Scheiße, ich kann den Weg einfach nicht finden.
MAREK	Sie hat nur mich. Und ich habe nur sie.
SUSE	Nur sie?
MAREK	Ja. Meine Mami, ich bin ihr Alles. Alle haben sie verraten, alle Männer, hat sie immer gesagt, nur ich nicht …
SUSE	Und was ist mit mir?
MAREK	Natürlich, dich auch.
SUSE	Dann musst du dich wohl entscheiden. Endlich erwachsen sein. Wie alt bist du denn?
MAREK	Ich komme doch mit, ich liebe dich doch, verdammt …
SUSE	Wenn sie dich liebt, versteht sie das.
MAREK	Ja, ich weiß … Es ist doch deep mit uns beiden.
SUSE	Da bin ich mir sicher.
MAREK	Aber wie soll ich es meiner Mami sagen? Wie, wie, wie …

SUSE	Wir haben uns verlaufen, verdammt.
MAREK	Ich dachte, du bist hier aufgewachsen. Du kennst den Wald.
SUSE	Ich war sieben ... Als wir ... Scheiße, kein Empfang ... Den Wald lernst du nie ganz kennen. Alles versteckt sich im Wald, alles, sagte meine Tante immer ... Kein Empfang.
MAREK	Ja, ja, schon lange kein Empfang mehr. Sie müssen mal kommen, die aus der anderen Welt.
SUSE	Marek ...
MAREK	Sie sind sicher schon unterwegs.
SUSE	Marek ...
MAREK	Sie müssen kommen und mich wegbringen.
SUSE	Marek, hör auf mit deinem Science-Fiction-Scheiß. Wir haben uns wirklich verlaufen. Ich halte es nicht mehr aus.
MAREK	Gib es her.

Marek greift nach ihrem Handy. Suse weicht aus.

MAREK	Gib es her, habe ich gesagt.

Er nimmt ihr Handy. Er wirft es in den Wald. Weit, weit weg.

SUSE	Was hast du gemacht?
MAREK	Das Ding taugt nichts und hört uns nur ab, das verfolgt uns.
SUSE	Bist du wahnsinnig?
MAREK	Das Ding manipuliert uns. Das musst du doch am besten wissen, Frau IT-Spezialistin.
SUSE	Es war neu.

MAREK   Wir finden schon den Weg. Es muss doch
        da oben irgendwo sein. Da … Siehst du …
        Da muss es sein, da oben, auf dem Berg, wir
        gehen einfach durch den Wald, da hoch,
        immer geradeaus … Nächste Woche, wenn
        wir da sind, kaufe ich dir ein neues Handy.
SUSE   Von meinem Geld.
MAREK   Nein. Von meinem Geld. Da finde ich auf
        jeden Fall was, nicht so wie hier, wo mich
        keiner will.

Suse schaut in den Wald.

MAREK   Warte mal, da bewegt sich was.
SUSE   Was?
MAREK   Da, siehst du? Ich weiß nicht, was das ist, aber
        da bewegt sich was.
SUSE   Wo denn? Ich sehe nichts.
MAREK   Aber ich sehe es.

Sie schauen besorgt in den Wald.

MAREK   Na dort … Siehst du, da ist was … Da steht
        jemand und schaut uns an …
SUSE   Das ist ein Baum, Mensch. Eine Eiche. Oder
        eine Tanne.
MAREK   Tanne oder Eiche.
SUSE   Eine Birke. Oder eine Buche.
MAREK   Du kennst den Wald auch nicht.

Schüsse aus dem Wald.

MAREK   Jemand schießt auf uns.

SUSE   Auf uns?

MAREK   Ja, Mann! Lass uns verschwinden.

Suse verschwindet im Wald. Marek folgt ihr.

FRIEDHOF

Suse und Marek sind auf dem Friedhof und schauen sich um. Es regnet in Strömen.

MAREK   Oh my God! Das ist es, was hier so stinkt. Die Gräber …

SUSE   Ich rieche immer noch nichts.

MAREK   Strange. Ich schon. Vielleicht riechst du den Gestank nicht, weil du von hier bist! Ja, so ist es! Ich war mal mit meiner Mami im Krankenhaus, genau da, wo ich geboren wurde.

SUSE   Marek …

MAREK   Meine Mami meinte auch, es stinkt so komisch, nach Chlor und Chemiezeug, sie musste sich auf der Toilette übergeben, aber du, für mich hats nicht gestunken, ich habe mich wie zu Hause gefühlt, wie ein Baby bei der Mama.

SUSE   Marek …

MAREK   Wie ein Baby in der Mama. Strange, oder? Ich habe das Zeug auch schon mal getrunken, ist eigentlich gesund … Bin gespannt, wie es dort riecht, wohin wir auswandern, Rewild yourself, ich freue mich schon, final cut … Strange, oder? Du denkst wieder, ich bin crazy.

SUSE	Nein …
MAREK	Doch, viele denken das. Meine Mami auch.
SUSE	Ja.
MAREK	Siehst du? Du hast recht … Vielleicht bin ich wirklich irre und abgespaced, vielleicht stehe ich wirklich vor einem final cut, aber ich kann nicht anders … Boah, wie es hier stinkt … Das sind sicher die Gräber … Du warst also nie hier, auf diesem Friedhof?
SUSE	Nein. Oder ich weiß es nicht.
MAREK	Richtig spooky ist es hier, aber vielleicht ist das wirklich gut, dass wir es machen, als eine Art Training für unsere Reise. Wer weiß, was uns da erwartet. Back to the nature. Rewild yourself, verstehst du? Alle sollten das machen. Alle. Toll, dass wir hier sind, toll … Boah, wie es hier nur stinkt.
SUSE	Da gibts so was ganz sicher nicht. Da ist die Welt noch in Ordnung. Und die Natur auch.
MAREK	Schau, die Kirche, alles verfallen, alles verbrannt … Wer zündet schon eine Kirche an? Und die kleine Kapelle da … Und die Mauer … Alles zerstört, sogar die Grabsteine einfach umgestoßen … Und boah, da, zwischen den Reihen da, was ist das für ein Scheiß hier …
SUSE	Das ist ein Wildschwein.
MAREK	Tot?
SUSE	Nein. Sonst würde es doch nicht dastehen und uns anschauen.
MAREK	Scheiße … Ich habe noch nie ein Wildschwein gesehen. Kann es nicht ein anderes Tier sein?

SUSE	Ja, genau, ein Hase.
MAREK	Das ist auf jeden Fall ein Wildschwein! Oh my God … Ein Keiler.
SUSE	Das ist eine Bache.
MAREK	Woher weißt du das?
SUSE	Hat mir meine Tante beigebracht.
MAREK	Die Tante Li… Li…
SUSE	Libuše, genau. Sie war eine Göttin. Sie wusste alles über den Wald, über die Menschen, über die Männer, über die Wildschweine …
MAREK	Eine Göttin?
SUSE	Eine vertriebene Göttin.
MAREK	Wie vertrieben?
SUSE	Ich weiß nicht, so hat sie es immer gesagt, hat meine Mutter immer gesagt.

Sie schauen sich das Wildschwein an. Und das Wildschwein schaut sie an. Sie haben Angst.

SUSE	Wildschweine sind die besseren Menschen, hat meine Tante immer gesagt.
MAREK	Was?
SUSE	Manchmal hat sie auch gesagt, Wildschweine sind die besseren Männer.
MAREK	Sie schaut uns wirklich an, Suse, deine Tante, also deine Bache.
SUSE	Wildschweine sind auch die besseren Frauen, hat sie noch gesagt.
MAREK	Es gibt keine besseren Männer … Die Männer wollen nur Krieg, das hat meine Mami immer gesagt. Und das machen sie auch … den Krieg.
SUSE	Siehst du, das hat auch meine Tante erzählt,

hat meine Mutter immer gesagt. Und die
Frauen müssen danach immer putzen, nach
dem Krieg.

MAREK   Meine Mami war dreimal verheiratet. Sie
sagte, sie war dreimal im Krieg, dreimal in
ihrem eigenen Weltkrieg. Und sie hat immer
verloren. Aber aus so einem Weltkrieg bin ich
entstanden, ja, ich weiß, was du sagen willst,
ich hänge zu viel an meiner Mami, ich liebe
meine Mami mehr als dich, doch ich schaffe
es. Meine Mami kommt natürlich nicht mit,
sie muss hierbleiben, es ist traurig, aber es geht
nicht anders, ich weiß … Genauso sage ich es
ihr. Ja, ja, ja, so sag ich es ihr. Gleich morgen.
Oder übermorgen. Oder ich rufe sie an, wenn
wir schon da sind.

SUSE   Unter den Wildschweinen haben die Frauen
das Sagen, die Bachen, sagte meine Tante
immer. Die Männer sind einfach zu schwach,
zu verpeilt, die Keiler denken nur an sich.
Nur an Fressen und Ficken. Und trotzdem
lieben sich die Wildschweine und bringen
sich nicht gegenseitig um wie die Menschen …

MAREK   Die Menschen sind Schweine.

SUSE   Die Menschen sollen wie die Wildschweine
leben. Vielleicht ist es die einzige Rettung.
Wir müssen uns alle in Wildschweine verwandeln und wie Wildschweine im Wald leben.

MAREK   Das hat auch deine Tante gesagt?

SUSE   Nein, meine Mutter. Sie ist tot. Aber meine
Tante Libuše lebt hier noch.

MAREK   Hier ist doch niemand.

SUSE	Sie hat auch gesagt, die Bachen können sprechen und die Welt verstehen ... Den Wald. Das können die Keiler nicht, sie laufen den Bachen nur nach. Und trotzdem lieben sie sich und respektieren sich.
MAREK	Alles verfallen. Crazy ... Deine Tante ist sicher auch schon tot.
SUSE	Nein, sie lebt hier noch. Wir werden sie finden.
MAREK	Suse ...
SUSE	Was?
MAREK	Nichts ...

Ein Geräusch. Das Wildschwein verschwindet im Wald.

SUSE	Es ist weg.
MAREK	Ich will auch weg von hier. Lass uns zurückgehen.
SUSE	Nein. Wir sind doch sicher bald da.
MAREK	Ich will zurück. Boah, wie es hier stinkt, das hört einfach nicht auf. So strange alles. So spooky.
SUSE	Hier irgendwo muss mein Vater begraben sein.
MAREK	Aber ... Aber ... Aber ... Es liegen nur Frauen hier ... Das ist echt spooky. Was ist hier passiert? Ein Grab, eine Frau... Eine Frau, ein Grab... Hier ... Und da ... Und da auch ... Alles nur tote Frauen.
SUSE	Ich weiß nicht.
MAREK	Was hat dein Vater gemacht?
SUSE	Er war Soldat. Er war sehr jung, als er starb.
MAREK	Was ist passiert?

SUSE	Ein Jagdunfall.
MAREK	Siehst du, ich bin ein Kriegsunfall und dein Vater ein Jagdunfall. Das tut mir leid. Vielleicht wäre es doch gut, dass Menschen kein Fleisch essen.
SUSE	Wie meinst du das schon wieder?
MAREK	Kein Fleisch, keine Jagdunfälle. Und vielleicht auch keine Kriege. Vielleicht auch kein Beziehungsstress … Fleisch macht aggressiv. Check das mal.
SUSE	Ach so.
MAREK	Weißt du, was richtig strange ist? Nach langer Zeit bekomme ich gerade richtig Lust auf Fleisch, uah, so strange … Ausgerechnet hier, wo es so stinkt …
SUSE	Marek …
MAREK	Auf dem Friedhof. Ich habe Lust auf ein schönes dickes Hüftsteak, blutig, nicht well done, nein, schön blutig …
SUSE	Marek …
MAREK	Oder Sülze, das wäre auch geil. Oder Eisbein mit Sauerkraut und dazu noch eine Bratwurst, mein Opa hat es früher immer so bestellt, er hat immer gesagt, im Krieg gabs so wenig Fleisch, ich muss es nachholen, die Bratwurst ist die goldene Krönung … Final cut.
SUSE	Marek …
MAREK	Boah, wie es hier stinkt, Suse, du riechst es wirklich nicht? Wie hieß eigentlich dein Vater?
SUSE	Na, wie denn, so wie ich.
MAREK	Dann liegt er hier.

Sie schauen sich das Grab an.

MAREK   Der einzige Mann zwischen all den Frauen
          hier.
SUSE   Hm …
MAREK   Strange … Was ist hier wohl passiert?
SUSE   Ich weiß es nicht.
MAREK   Jemand hat die Frauen … Die Wildschweine
          waren vielleicht … Und deinen Vater auch …
SUSE   Wildschweine nicht. Die Wildschweine sind
          die besseren Menschen, hat meine Tante
          immer gesagt.
MAREK   Ja … Und dein Vater, vielleicht wollte er sie
          retten, vor den bösen Menschen …
SUSE   Vielleicht.
MAREK   Traurig.
SUSE   Meine Mutter hat von ihm nie viel erzählt.
          Ich habe ihn eigentlich kaum gekannt.
MAREK   Und jetzt sind die beiden tot, deine Mutter
          und dein Vater. Jetzt sind einfach alle tot.
SUSE   Hm … Aber meine Tante lebt. Libuše.
MAREK   Komm her.

Marek umarmt sie. Suse ist plötzlich gerührt.

MAREK   Wie bist du eigentlich von hier weggegangen?
SUSE   Einfach so.
MAREK   Einfach so?
SUSE   Meine Mutter hat mich an der Hand genom-
          men, wir sind in den Zug eingestiegen und
          sind losgefahren. Das Letzte, was ich von
          hier gesehen habe, war der Bahnhof. Und
          der dunkle Wald … Eigentlich war er nicht

schwarz, er war blau, dunkelblau … Und
meine Tante, die habe ich auch auf dem
Bahnsteig gesehen, die letzte Frau von hier …
Und die Schüsse, die habe ich auch gehört.
Wie bei einer Jagd.

MAREK   Siehst du?

SUSE   Ja.

MAREK   Ich höre sie auch … Jetzt.

SUSE   Ich nicht. Obwohl … Du hast recht. Jetzt
höre ich es auch.

MAREK   Das ist echt strange. Lass uns lieber gehen.

SUSE   Ja, wir müssen den Bahnhof finden.

MAREK   Hier gibts doch keinen Bahnhof. Sonst wären
wir doch gleich mit der Bahn gekommen.

SUSE   Doch. Irgendwo gibt es hier einen Bahnhof.
Meine Tante wohnt dort.

MAREK   Und wie ging es weiter?

SUSE   Meine Mutter wollte nie wieder zurück, doch
ich wollte immer zurück. Ich weiß nicht,
warum … Etwas hat mich immer hierher-
gezogen. Doch ich habe mich nie getraut,
hierherzufahren. Erst jetzt. Vor der großen
Reise.

MAREK   Ich weiß.

SUSE   Ich wollte diesen Ort noch mal sehen, bevor
wir weg sind. Bevor alles weg ist.

MAREK   Ja.

SUSE   Wahrscheinlich kommen wir ja nie wieder
zurück. Es ist auch gut so.

MAREK   Ich mag dich.

SUSE   Ich weiß. Ich mag dich auch.

MAREK   Gut, dass wir bald weg sind.

SUSE   Ja.

MAREK   Du, wäre es okay, wenn meine Mami doch
         mitkommen würde?

Sie schaut ihn verstört an.

SUSE   Was?
MAREK   Ich kann doch meine Mami hier nicht allein
         lassen. Für dich ist es leicht, du hast nieman-
         den, aber ich ...
SUSE   Danke dir, Marek ...

Suse geht. Marek folgt.

MAREK   Warte, ich muss es wirklich wissen.
SUSE   Dann fahr du mit deiner Mutter.
MAREK   Aber Suse ...
SUSE   Oder bleib hier.
MAREK   Aber Suse ...
SUSE   Aber was?
MAREK   Vielleicht kann sie später nachkommen.
SUSE   Hm.
MAREK   Hier ist alles verloren, aber dort, dort ist alles
         gut. Dahin kommen die Idioten nicht. Hier
         können sie sich die Köpfe einschlagen, doch
         dort, dort passiert uns nichts. Tausende Kilo-
         meter Meer trennen uns vom Land. Warum,
         denkst du, dass all die Reichen dort hingehen?
         Da ist das Paradies. Und wir gehören dazu.
SUSE   Hm.
MAREK   Und meine Mami, Suse, wir können sie hier
         doch nicht allein lassen.
SUSE   Hm. Ich weiß, aber ...
MAREK   Vielleicht kann ich ja auch programmieren,

was denkst du? Das schafft doch jeder, oder?
Vielleicht kannst du es mir endlich mal bei-
bringen.

SUSE   Das habe ich doch schon versucht.

MAREK   Ja, ich weiß, doch das wird sich ändern …
Die Gräber da … Schau mal …

Sie gehen zu einem Grab.

SUSE   Keine Leichen. Sie sind leer.

MAREK   Strange. Nur das Grabwasser. Boah, wie es
hier stinkt …

SUSE   Was ist hier passiert?

MAREK   Vielleicht hat jemand die Leichen ausgegraben
und geklaut und verkauft …

SUSE   Die Natur wird uns rächen, hat meine Tante
immer gesagt, hat meine Mutter gesagt.

MAREK   Die Göttin?

SUSE   Ja. Die Wildschweine werden sich rächen.

MAREK   Das ist richtig strange. Vielleicht sind es die
Wildschweine, die hier die Erde umwühlen,
vielleicht kommen so die Toten zurück, siehst
du, da, wieder ein leeres Grab, das haben sich
die Wildschweine gemacht … Crazy.

SUSE   Wildschweine machen so was nicht. Nur die
Menschen.

Sie gehen.

MAREK   Warte mal!

SUSE   Was denn?

MAREK   Die Pilze, siehst du? Die Pilze auf dem Grab
von deinem Vater.

SUSE	Ja.
MAREK	Ich kenne die Pilze. Lass uns die essen.
SUSE	Was? Auf keinen Fall.
MAREK	Doch, sie sind toll. Und sie wachsen auf dem Grab von deinem Vater. Lass uns die essen. So kannst du dich vielleicht mit ihm verbinden. Vielleicht erfährst du, was hier passiert ist, zwischen den Männern und Frauen.
SUSE	Marek …
MAREK	Doch …
SUSE	Vielleicht hast du recht … Die Wurzeln der Pilze sind unglaublich lang, sagte meine Tante immer. Eigentlich bilden sie unter der Erde eine eigene, große, für uns unsichtbare Welt und verbinden alles, die Gegenwart mit der Vergangenheit und die Lebenden mit den Toten. Die Menschen mit den Wildschweinen. Die Keiler mit den Bachen.
MAREK	Und das alles mit der Zukunft. Glaub mir, so was gibts wirklich. Auch so eine Art Spiegelung, weißt du?

Marek pflückt ein paar Pilze.

SUSE	Vielleicht sind es die Pilze, die hier so stinken. Ich rieche es immer noch nicht.

Er riecht an einem Pilz.

MAREK	Nein, die Pilze sind es nicht.

Er pflückt noch mehr Pilze. Er reicht sie Suse.

MAREK.   Riech mal.

Suse riecht an einem Pilz. Marek probiert schon einen.

SUSE   Hm … Riecht köstlich.
MAREK   Sage ich doch. Bei uns wachsen sie im Park
am Hauptbahnhof. Du, da war früher auch
ein Friedhof, da liegen auch Tote, aber nur
tote Männer. Hier nur die toten Frauen, da
nur die toten Männer. Was ist zwischen den
Frauen und Männern passiert … Strange.
Vielleicht hatte deine Tante, Libuše, recht,
vielleicht müssen wir uns alle in Wildschweine
verwandeln. Vielleicht wird es uns danach
bessergehen … So, Suse, are you ready? Thirty
seconds and counting. Astronauts report it
feels good. T-25 seconds. Twenty seconds and
counting. T-15 seconds, guidance is internal.
12, 11, 10, 9 … ignition sequence start … 6,
5, 4, 3, 2, 1, 0 … All engines running. Liftoff! We have a liftoff … 32 minutes past the
hour, liftoff on Apollo 11. Tower clear … Bon
Voyage zum Tannhäuser Tor, Suse.
SUSE   Bon Voyage.

Die beiden essen die Pilze.

IM WALD

*Es ist dunkel. Es regnet und regnet und regnet. Ein starker Wind
weht. Man hört auch die Schüsse immer wieder. Doch Suse und
Marek nehmen es nicht mehr wahr.*

MAREK	Es regnet nicht mehr.
SUSE	Ja, wirklich.
MAREK	Und der Wind ist auch ganz still.
SUSE	Schön ist es hier.
MAREK	Ja, sehr. Schön, dass wir da sind.
SUSE	Danke, das du mitgekommen bist.
MAREK	Na klar.

Plötzlich kommt ein grelles Licht.

MAREK	Siehst du, sie sind schon da! Die Außerirdischen vom Tannhäuser Tor. Sie kommen, uns zu helfen. Jungs, packt die pöbelnden Idioten, die alles zerstören, und bringt sie weg von hier. In eine andere Galaxie, ja? Vor allem weit, weit weg. Und kein Bier, kein Korn, keine Fluppen, kein Fußball, keine Currywurst. Am besten in ein schwarzes Loch damit, roger?
SUSE	Das ist die Sonne, du Idiot.
MAREK	Die Sonne?
SUSE	Ja. Oder der Mond.
MAREK	Der Mond oder die Sonne?
SUSE	Ich weiß es nicht.
MAREK	Oder vielleicht hat jemand nur ein Fenster aufgemacht?
SUSE	Vielleicht.
MAREK	Es zieht so.

Suse lacht.

MAREK	Was lachst du so?
SUSE	Ich sehe meinen Vater, da, siehst du? Er trinkt Bier … Papa, Papa … Er hört mich nicht.

MAREK	Ich sehe ihn nicht. Ich sehe meine Mami, sie erzählt mir was. Oh my God.
SUSE	Und was?
MAREK	Ich soll aufpassen und mich nicht verkühlen. Ja, ja, Mami, Mami, keine Angst!
SUSE	Komisch, ich sehe meinen Vater. Aber der ist doch längst tot.
MAREK	Wer weiß, vielleicht sind die Toten jetzt am Leben, und die Lebenden sind tot. Oh my God, das würde aber heißen … Mami, Mami … Hörst du mich? Sie hört mich nicht, fuck … Die Spiegelung schon wieder.
SUSE	Und da, da steht meine Mutter, und noch eine andere Frau … Und noch eine. Überall nur Frauen. Und nur mein Vater … Und jetzt, oh Gott, die Jäger … Sie jagen die Frauen … Mein Vater schießt auf die Jäger … Die Jäger bringen ihn um … Sie bringen die Frauen um … Eine nach der anderen.
MAREK	Aber warum?
SUSE	Ich weiß es nicht.
MAREK	Oh my God, was geht hier ab … Sind wir doch in diese Berggrube gefallen? Du weißt schon … Oh my God, Suse, wir sind schon da, wir wurden in die nächste Galaxie gebeamt. Siehst du die Sterne? Und siehst du, wie sich alles widerspiegelt? Ich hatte recht. Alles, was auf der Erde mal war, spiegelt sich. Jetzt ist alles zerstört. Totally destroyed. Game over, final cut … Fuck, wo sind sie jetzt hin …
SUSE	Oh my God. Meine Mutter sieht das … Meine Tante sieht das … Ich sehe das …

Sie gehen weiter durch den Wald. Es regnet immer stärker.

MAREK   Ja. Meinst du, wir kommen hier jemals wieder
         raus? Finden wir den Weg zurück?
SUSE   Ich weiß nicht.
MAREK   Schau doch mal auf dein Handy.
SUSE   Verdammt, das hast du doch in die Grube
         geschleudert.
MAREK   Stimmt. Fuck. Vielleicht sind wir schon da …
         Weit, weit weg … Meinst du, die Menschen,
         die hier leben, in dieser Galaxie, sind genauso
         scheiße drauf wie auf der Erde?
SUSE   Wahrscheinlich schon.
MAREK   Es ist hier sicher genauso wie bei uns. Auf der
         einen Seite der Straße stehen die, die brüllen
         und hetzen und hassen, auf der anderen Seite
         der Straße stehen die, die Yoga machen, und
         in der Mitte steht niemand.
SUSE   Marek …
MAREK   Der Hass macht gleichgültig und blind, doch
         Yoga macht genauso gleichgültig und blind.
         Die einen hetzen für den Weltkrieg, die
         anderen meditieren für den Weltfrieden. Ich
         würde die Hetzer verbieten und Yoga, Tantra
         und den ganzen Scheiß auch.
SUSE   Marek …
MAREK   Sie glauben, dadurch wird die Welt besser,
         doch die Welt ist im Arsch und bleibt im
         Arsch. Du hast recht, wir müssen uns in
         Wildschweine verwandeln, nur das kann uns
         retten. Die Wildschweine sind die besseren
         Menschen, du hast recht. Die besseren Män-
         ner. Und die besseren Frauen … Voll crazy!

	Aber du hast recht … Deine Tante hatte recht … Schau.
SUSE	Ja, die Raben da, siehst du …
MAREK	Ja … Aber sie sind weiß, die Raben müssen doch schwarz sein, doch die sind weiß.
SUSE	Vielleicht sind es Engel.
MAREK	Sie haben keine Flügel. Wie abgeschnitten …
SUSE	Ja … Und die Toten … Überall die toten Frauen.
MAREK	Hier liegen sie, die Flügel!
SUSE	Wie ein weißes Meer …
MAREK	Die Toten bewegen sich. Sie greifen nach uns!
SUSE	Autsch.
MAREK	Weg, weg, weg, lass mich …
SUSE	Ja.
MAREK	Mami! Oh my God.

Sie rennen weg. Sie rennen und rennen und rennen. Sie fallen, stehen wieder auf und laufen, bis sie erschöpft zu einer Lichtung kommen. Sie atmen durch.

MAREK	Eine Lichtung. Die Pilze sind hier viel höher als die Bäume.
SUSE	Ja.
MAREK	Sie wachsen bis zum Himmel, man sieht gar nicht, wo deren Köpfe sind, vielleicht in den Wolken …
SUSE	Ja …
MAREK	Lass uns hochklettern.

Marek versucht, auf einen hohen Pilz zu klettern. Doch er schafft es nicht und fällt runter.

SUSE	Der Wald spricht. Er spricht zu uns. Die Bäume …
MAREK	Ja … Irgendwie ja, aber ich verstehe nichts. Verstehst du was?
SUSE	Ja.
MAREK	Und was?
SUSE	Schön, dass du zurück bist, sagt der Wald.
MAREK	Strange.
SUSE	Der Wald hat seine Geheimnisse. Jetzt kennst du sie, sagt der Wald. Und jetzt …

Musik.

SUSE	Jetzt spielt der Wald ein Lied und singt …
MAREK	Ja, ich höre die Musik auch …
SUSE	*singt mit dem Wald zusammen*
	Warte, warte
	Warte auf mich
	Lass mich, lass mich
	Hier nicht zurück
SUSE	Das Lied hat immer meine Tante gesungen.
MAREK	Toll … Und die Ameisen, wie die lachen, siehst du? Da …
SUSE	Was?
MAREK	Nein, nein, Jungs, das geht nicht, das ist mein girlfriend …
SUSE	Du verstehst sie?
MAREK	Ja, ich verstehe die Ameisen, und du verstehst die Tannen und Fichten und Eichen, wir verstehen den Wald, so wie deine Tante, ist wahrscheinlich normal hier … Nein, nein, Jungs, ich werde Suse bald heiraten. Gleich wenn wir weg sind.

SUSE   Und wie hier alles leuchtet.

MAREK   Alles so rot und gelb und blau. Strange. Aber
            schön.

SUSE   Ja … Ich bin glücklich. Ich bin so glücklich
            wie nie zuvor. Es ist so schön hier.

MAREK   Ja. Und wie hier alles duftet.

SUSE   Ja.

MAREK   So wie zu Weihnachten … Bei der Mami.

SUSE   Ja.

MAREK   Wie in einem richtigen Wald.

Es schneit.

SUSE   Ja.

MAREK *singt* Last Christmas, la la la la la

SUSE   Es gibt kein Entkommen … Wir bleiben hier
            für immer … Komm, küss mich, küss mich
            jetzt …

*Marek küsst Suse. Sie legen sich auf den Waldboden. Sie lieben
sich. Sie schlafen ein. Es schneit. Und dann regnet es wieder.
Gleichzeitig kommen Wildschweine. Sie schnüffeln an Marek
und Suse. Die zwei merken es nicht und schlafen. Wildschweine
fressen und spielen und hüpfen über Marek und Suse.
Und dann kommt die Tante, die Libuše.
Marek und Suse wachen auf. Sie sind am Bahnhof.*

BAHNHOF

LIBUŠE   Ja … Ich bin wirklich eine Göttin. Eine ver-
            triebene Göttin. Ich habe in meinen Träumen
            die große Stadt aus dem Nebel auferstehen

sehen. Das ganze glorreiche Reich. Doch
dann habe ich auch die Männer gesehen.
Die Krieger und den Krieg. Den Brand und
das Blut und die Vernichtung. Ich habe die
schwarzen verbrannten Schlachtfelder gesehen, die Asche und den Staub und ein Meer
von weißen Raben ohne Flügel, die den
toten Frauen die Augen auspicken. Doch das
wollte niemand hören, und so haben mich die
Männer hierher vertrieben. In die Berge. In
den Wald. Zwischen die Wildschweine. Doch
der Krieg ist auch hierher gekommen. Die
Männer haben mich gehasst und gejagt, weil
ich die Wahrheit gesagt habe … Bis heute
hört man hier die Schüsse. Die Wildschweine
haben mich gerettet. Ich habe mich im Wald
versteckt, ich habe mit den Wildschweinen
gelebt. Die Wildschweine sind die besseren
Menschen. Die besseren Männer. Die besseren Frauen. Die Keiler und die Bachen. Jetzt
ist aber alles vorbei. Jetzt fangen wir neu an.
Schön, dass ihr da seid.

EMILIA ROIG
DAS ENDE DER UNTERDRÜCKUNG

»The feminist agenda is a socialist, anti-family
political movement that encourages women to
leave their husbands,
kill their children,
practice witchcraft,
destroy capitalism and
become lesbians«
    … sagte 1992 ein alter weißer Mann, Pat Robertson.

Als ich diese Worte las, kamen mir drei Gedanken. Erstens: In den letzten dreißig Jahren ist schon viel passiert. Scheidung, Abtreibung, Spiritualität, Kapitalismuskritik und Queerness sind vom Mainstream nicht mehr verpönt. Mein zweiter Gedanke: Eigentlich hat er recht. Darum gehts beim Feminismus. Dieser Satz braucht lediglich ein paar Edits. Dritter Gedanke: Würde eine matriarchale Gesellschaft so aussehen?

The feminist movement is a social justice political movement that encourages women to
[leave their husbands]

stand up for themselves, refuse exploitation,
violence and objectification,
[kill their children]
own their bodies and choose if, when, how many,
and with whom to have and raise children,
[practice witchcraft]
spread love and healing energies to undo
centuries of trauma, wounds and violence
[destroy capitalism]
develop alternative societal models which do not
rely on exploitation, hierarchies, domination
and the destruction of our planet.
[become lesbians]
dismantle the gender binary
and smash the heteropatriarchy –
and yes, why not also become lesbians.

Dieser Angriff auf den Feminismus drückt vor allem eines aus: Angst. Die Angst, den oberen Platz der globalen Hierarchie des Lebens zu verlieren. Die Angst, überflüssig zu werden. Die Angst, dass die Domination, Ausbeutung und Gewalt, denen Frauen bisher ausgesetzt waren, sich jetzt gegen Männer wenden. Die Angst, nichts mehr wert in dieser Welt zu sein, weil der eigene Wert bisher an der Unterlegenheit anderer – und die Fähigkeit, diese zu dominieren – gemessen wurde.

Dass zahlreiche Männer Angst vor dem Feminismus haben, den sie womöglich als Umkehrung der Unterdrückung interpretieren, sagt viel darüber aus, wie solche Männer die jetzige Situation einschätzen: Sie sind sich sehr wohl bewusst, dass Frauen unterdrückt werden, sonst hätten sie keine Angst vor einer umgekehrten Situation. Es zeigt auch, dass diese Männer so tief im System gefangen sind, dass sie keine Alternative zu Unterdrückung, Hierarchie und Ungleichheit sehen. Die Befreiung der einen geht mit der Unterdrückung der anderen zwangsläufig einher.

Der patriarchale Widerstand hat auch mit dem verinnerlichten Überlegenheitsgefühl vieler Männer zu tun, die durch die ständigen Botschaften geprägt sind, die ihnen seit der Kindheit implizit (manchmal explizit) vermitteln: Jungen sind stärker, intelligenter, besser als Mädchen. Diese Botschaften sind allgegenwärtig, doch oft so subtil, dass wir sie nicht einmal bemerken. Sie verstecken sich in Büchern, Filmen, Werbung, Popkultur, Liedern, in den Nachrichten, in Spielzeug. Subtile, aber mächtige Bilder verstärken unser Überlegenheits- oder Minderwertigkeitsgefühl, in dem sie uns immer wieder zeigen, dass wir überlegen (oder minderwertig) sind.

Selten wird über die Überlegenheitskomplexe der dominanten Gruppen gesprochen. Vielmehr rücken die Minderwertigkeitskomplexe marginalisierter Gruppen in den Vordergrund: Sie sollten sich empowern, Selbstliebe kultivieren und an ihrem Selbstbild arbeiten – sie tragen diese Verantwortung. Verinnerlichte Überlegenheit und Unterlegenheit sind aber zwei Seiten der gleichen Medaille (und zentrale Aspekte der Unterdrückung). Dadurch werden Ungleichheiten implizit gerechtfertigt und erlaubt es Menschen aus dominanten Gruppen, Diskriminierung, Ungleichheit und Ungerechtigkeit zu tolerieren: *Wir sind besser, wir verdienen es, oben zu sein und mehr zu haben.*

Wenn unser Selbstwert von der Unterlegenheit anderer abhängt, ist er zerbrechlich und erfordert, dass wir diese Überlegenheit ständig neu behaupten. Sich von Unterdrückung zu lösen, kann auch für Menschen aus dominanten Gruppen befreiend sein, da sie lernen, sich von ihrer verinnerlichten Überlegenheit zu lösen. Sie lernen, dass ihr Selbstwert nicht von der Unterlegenheit anderer abhängt.

UTOPIE: MATRIARCHAT?

Utopien sind keine naiven Spinnereien. Ganz im Gegenteil. Utopien sind die hoffnungsvollen Vorstellungen, die uns in eine bessere, gerechtere Zukunft treiben. Alle großen sozialen Fortschritte sind in utopischen Visionen verwurzelt. Utopien verwirklichen sich nicht selten. Zumindest Teile davon. Wissen wir, ob eine Welt ohne Unterdrückung überhaupt möglich ist? Nein, aber unsere Gedanken werden Realität. Wenn wir uns kollektiv diese Welt vorstellen, bündeln wir die Kräfte unseres kollektiven Unterbewusstseins und schaffen transformative Kräfte. Es hat fast was Magisches an sich: *collective manifesting.*

Dass zwei Frauen heiraten und Kinder zusammen großziehen können, war noch nicht allzu lange utopisch. Dass eine Frau in Deutschland Kanzlerin ist, war Anfang des 20. Jahrhunderts utopisch. Die Beendung der Sklaverei, ein wirtschaftliches, politisches und kulturelles System, das über fünfhundert Jahre fortgeführt wurde, war irgendwann utopisch. Die Sklaverei wurde dadurch leider nicht gänzlich ausgemerzt, aber das legale, im Gesetz verankerte System schon. Sklaverei ist nicht mehr legal. Es heißt nicht, dass unser kapitalistisches System nicht immer noch auf Sklavenarbeit beruht. Bis ins 19. Jahrhundert war nicht von Abschaffung die Rede, sondern es wurde für eine »Reform« der Sklaverei plädiert – sie sollte menschlicher gemacht werden. Dass damals ernsthaft geglaubt wurde, die Sklaverei könne lediglich »reformiert« anstatt abgeschafft zu werden, ist verständlich. Wenigstens können wir eine Parallele zu denjenigen ziehen, die heute glauben, dass gewaltfreie Gefängnisse und Polizei möglich sind. Gefängnisse und Polizei sind, genau wie die Sklaverei, patriarchale, rassistische und klassistische Institutionen, die auf Gewalt basieren. Die Entstehung von neuen, humaneren Alternativen setzt deren Ende voraus. Ein Ende der Polizei und der Gefängnisse erscheint uns heute genauso utopisch wie damals ein Ende der Sklaverei. Dasselbe kann über den Kapitalismus gesagt werden. Viele glauben, dass der Kapitalismus nur *grüner* gemacht werden soll, um gerechter, umweltfreundlicher und humaner zu werden. Solche Ansichten sind von einer gewissen Naivität gefärbt. Oder hat es eher mit der Angst des Unbekannten zu tun? Wir finden es so schwierig, über die Grenzen des Bekannten hinauszugehen. Deswegen fällt uns das Matriarchat als Erstes ein, wenn wir uns eine post-patriarchale Zukunft ausmalen.

Obwohl es keine wissenschaftlich anerkannte Definition des Begriffs Matriarchat gibt, sagt mir Wikipedia, dass es als eine Gesellschaftsordnung verstanden wird, die vorrangig von Frauen geprägt ist. Forschungskonsens ist, dass sich das Matriarchat spiegelbildlich zum Patriarchat historisch nicht nachweisen lässt. Das Matriarchat muss also kein Spiegelbild des Patriarchats sein, schon mal gut. Ich habe dennoch ein Problem mit der Idee des Matriarchats als Alternative zum Patriarchat. Zum einen, weil es auf eine binäre Betrachtung von Geschlecht – und nicht zuletzt auf die Essenzialisierung und Idealisierung der Identität »Frau« – basiert, und zum anderen, weil die Gefahr groß ist, die Logik des Patriarchats zu reproduzieren. Die Welt muss nicht *mehr* von Frauen oder *mehr* von Männern geprägt sein. Vielmehr sollten wir solche Denkmuster überwinden.

Der Feminismus wird die Frage der Differenz nie los:

Sind Männer und Frauen von Natur aus wirklich so unterschiedlich? Feministinnen, die sich mit dieser Frage seit Jahrzehnten beschäftigen, liefern unterschiedliche Antworten – alle, auch wenn sie sich teilweise widersprechen, tragen ein Stück Wahrheit in sich. Die Geschlechterdifferenzen sind weder gänzlich in der DNA vorprogrammiert, noch sind sie zu hundert Prozent konstruiert. Neben der Frage der Differenz sollten wir uns lieber fragen, wie die Hierarchie aufgebrochen werden kann, die »männliche« Eigenschaften über »weibliche« Eigenschaften stellt. Uns sollte vorrangig die Entwertung der Weiblichkeit – und der weiblichen Sphären – beschäftigen, denn darum geht es im Patriarchat. Das Matriarchat als Spiegelbild des Patriarchats würde postulieren: Männer und Frauen sind unterschiedlich, und Frauen sind *eigentlich* überlegen – nicht Männer, wie wir bisher gedacht haben. Die Idee des Matriarchats als Alternative zum Patriarchat beruht auf der Annahme, dass eine Welt, die durch Frauen regiert wäre, eine schönere, gerechtere Welt wäre. Die Idee des Matriarchats ist deshalb so verlockend. Aber wir sollten dem Drang widerstehen, ein System durch ein anderes zu ersetzen, ohne dessen Fundament aufzubrechen, nämlich die Hierarchie.

SMASH THE GENDER BINARY

Im Grunde hat Pat Robertson – wie viele andere Männer – Angst vor einer matriarchalen Weltordnung, in der Männer dominiert, ausgebeutet, kontrolliert und unterdrückt werden. Für viele Männer eine dystopische Zukunft also. Und für Frauen eine ersehnte Utopie?

So simpel darf es nicht sein. Das Patriarchat beruht auf einigen wichtigen Säulen. Eine davon ist der *Binarismus*: die rigide Einordnung aller Menschen in zwei separate, entgegengesetzte und sich ergänzende männliche und weibliche Geschlechteridentitäten. Jedem Geschlecht werden naturgegebene Eigenschaften und Veranlagungen zugeschrieben. Die Geschlechter werden nicht nur als unterschiedlich betrachtet, sondern auch hierarchisiert. Diese Hierarchie basiert auf männlicher Dominanz, sprich Vorherrschaft der Werte, Eigenschaften, Interessen und Qualitäten, die mit Männlichkeit und Maskulinität in Verbindung gebracht werden. Das Patriarchat ist ein System, das auf der Annahme der männlichen Überlegenheit beruht. Diese einfache Definition irritiert. Wie kann ein so einfaches System über Jahrhunderte hinweg aufrechterhalten bleiben – und dabei verleugnet werden? Die öffentliche Debatte um Sexismus dreht sich allzu oft um die Frage, ob es heute wirklich noch Sexismus, Patriarchat und Misogynie gibt. Die Antwort ist einfach: Solange Jungen, die Röcke, Rosa, lange Haare und Nagellack tragen, unangenehme Gefühle in uns auslösen, und solange »Mädchen« ein Schimpfwort für Jungen ist, heißt es, dass unsere Gesellschaft noch nicht über Misogynie hinweg ist.

In einer binären, heteronormativen Welt werden die sexuelle Orientierung, die Geschlechtsidentität und die gesellschaftlichen Rollen an das Biologische gebunden. Plakativ: Von einer Person mit Vulva wird erwartet, dass sie mit einer Person mit Penis eine Partnerschaft bildet und sexuelle Beziehungen hat, aus der biologische Kinder hervorgehen. Als Frau soll ihr Aussehen eine zentrale Rolle spielen – wenn sie von Natur aus nicht »schön« ist, muss sie wenigstens versuchen, es zu sein. Sie soll lange Haare und weibliche Kleidung tragen und sich sowohl ihrer Familie als auch – manchmal gleichzeitig – ihrem Beruf widmen. Wichtig dabei ist, dass dennoch die Bedürfnisse ihrer Familie nicht zu kurz kommen. Von einer Person mit Penis wird erwartet, dass er von der ganzen Palette an Emotionen nur Wut (manchmal Freude) ausdrückt und keine Schwächen zeigt. Er soll sexuell aktiv sein und ein geringes Level an emotionalem Engagement zeigen. Sein Wert bemisst sich unter anderem darin, für seine Familie materiell und finanziell zu sorgen. Nicht alle Mädchen, Jungen, Frauen und Männer passen sich solchem Verhalten an, aber wenn sie es nicht tun, fällt es auf, und sie werden dafür bestraft: durch Ausschlüsse, Stigmatisierung, Mobbing, bis hin zum Mord (auch wenn es sich krass anhört, aber die Morde an trans Frauen sind ein brutaler Ausdruck davon). In einer patriarchalen Gesellschaft sind besonders jene Aktivitäten, Eigenschaften und Interessen wichtig, die als männlich gelten. Sie verdienen Status, Aufmerksamkeit und Empathie. Die Aktivitäten, Eigenschaften und Interessen, die als weiblich gelten, werden dagegen als unwichtig, irrelevant und partikulär gesehen, und genießen dementsprechend einen geringeren Status, geringere Aufmerksamkeit und geringere Empathie. Zum Beispiel die Tatsache, dass (Männer-) Fußball bei den Nachrichten täglich einen zentralen Platz eingeräumt wird, oder einfach die Tatsache, dass der Präfix »Männer-« völlig überflüssig ist, weil die Norm männlich ist: Männerpresse, Männerliteratur, Männerfußball und Männerfilme klingen irgendwie merkwürdig. Wäre die häusliche Sphäre traditionell männlich, würden wir täglich im Fernsehen über Putzmittel und Putzmethoden sprechen, es würde ernste TV-Sendungen mit Expert:innen-Runden (kein Reality-TV) über Kindererziehung und emotionale Arbeit geben. Putzpersonal und Erzieher:innen wären gut bezahlte Jobs mit hohem gesellschaftlichem Status. Alle Kinder, unabhängig vom Geschlecht, wären von Krankenschwestern und Erzieherinnen fasziniert, und Polizei und Feuerwehr wären Nischenmärkte bei LEGO und Playmobil.

Heißt der Sturz des Patriarchats also Matriarchat? Ist die Idee des Matriarchats nicht eine direkte Fortsetzung der binären Geschlechtsordnung? Bedeutet das Streben nach einer matriarchalen Weltordnung, dass wir die Werkzeuge des Sklavenhalters weiterverwenden?

Audre Lorde hat mich mit ihrem berühmten Zitat *»you cannot dismantle the master's house with the master's tools«* oft darüber nachdenken lassen, ob wir ein Problem abschaffen können durch den Einsatz der gleichen Instrumente, die es überhaupt erst geschaffen haben. Was hat Audre Lorde gemeint? Wenn wir in das Haus des Sklavenhalters einziehen und ihn stürzen und weiterhin die gleichen Kontrollinstrumente einsetzen, die er einsetzte – wie physische Gewalt, Strategien des Trennens und Herrschens sowie Entmenschlichung –, wird das vergangene System lediglich durch ein anderes Unterdrückungssystem ersetzt, auch wenn die Absicht darin bestand, der Ungerechtigkeit ein Ende zu setzen. Es wurde nichts anderes getan, als genau das zu werden, was beendet werden sollte. Dies geschieht, weil wir in den Systemen gefangen bleiben, die wir kennen. Audre Lordes Zitat deckt sich mit dem, was Gandhi und Nietzsche sagten: Seid die Veränderung und hütet euch vor den Ungeheuern. Alle drei warnen uns vor der Versuchung, die Macht an uns zu reißen mit der Absicht, die Macht selbst zu stürzen. Friedrich Nietzsche warnte vor dem Teufelskreis der Macht: »Wer mit Ungeheuern kämpft, mag zusehn, dass er nicht dabei zum Ungeheuer wird. Und wenn du lange in einen Abgrund blickst, blickt der Abgrund auch in dich hinein.« Die Aktivistin Kimberly Jones sagte in einer sehr schlagfertigen Rede über die vierhundert Jahre lange rassistische Ungerechtigkeit in den USA, dass »Weiße Glück haben, dass Schwarze nach Gleichberechtigung und nicht nach Rache streben«. Die Möglichkeit der Rache ist das, was den Mächtigen Angst macht. Wenn die Unterdrückten Gleichheit verlangen, wird es oft als Rache interpretiert. Doch geht es bei Befreiungsbewegungen nicht darum, die Macht umzukehren und die Unterdrücker zu dominieren. Es geht darum, die Vision einer gerechteren, unterdrückungs- und hierarchiefreien Welt zu verwirklichen. Das Ende der Unterdrückung ist kein Nullsummenspiel, sondern eine Win-win-Situation.

Was der Feminismus will, ist keine umgekehrte Dominanz, sondern die Abwesenheit von Dominanz. Der Feminismus bietet in der Hinsicht einen Paradigmenwechsel: *let's toss the master's tools and dismantle the house with dynamite (making sure no one's inside).*

DIE GEBURT EINER UNTERDRÜCKUNGSFREIEN WELT

Unterdrückungssysteme wirken verschränkt. Sie ernähren sich voneinander und verstärken sich gegenseitig. Das Patriarchat ist einer der drei Köpfe des dreiköpfigen Monsters – neben Rassismus und Kapitalismus. Das Monster überlebt so lange, bis sein letzter Kopf abfällt. Das Ende des Patriarchats setzt deshalb das Ende des Kapitalismus und der weißen Vorherrschaft voraus. Eine antipatriarchale Welt heißt gleichzeitig eine antikapitalistische und antirassistische Welt. Das Ende des Patriarchats wird nicht ohne das Ende der Ehe und der institutionalisierten Heterosexualität, das Ende der Polizei und der Gefängnisse, das Ende des Nationalstaats, das Ende des Geldes (im kapitalistischen Sinne) und das Ende der Lohnarbeit stattfinden können.

Eines der Werkzeuge, die wir derzeit beim Versuch einsetzen, das Haus des Sklavenhalters abzubauen, ist Macht. Macht, wie wir sie kennen und wie sie benutzt wird, um zu herrschen, zu dominieren und zu unterwerfen, basiert auf Angst. Angst vor dem Abstieg, Angst vor dem Mangel und Angst vor dem Tod. Wir müssen die Macht, wie wir sie kennen, transzendieren und alternative Formen der Macht schaffen, die nicht auf Angst, Gier, Herrschaft und Unterdrückung basieren, sondern auf Liebe. Wir sehen Macht derzeit als eine knappe Ware, die man ergreifen, tauschen und gewinnen kann. Es ist eine sehr reduktive Art, Macht zu sehen – und nach Macht zu streben. Macht ist, ebenso wie Liebe, keine Währung. Sie muss nicht abgezogen werden, um gewonnen zu werden. Im Gegenteil, sie kann sich vervielfachen.

Wenn die Menschheit diese Wahrheit erst mal verinnerlicht hat, werden wir allmählich in einer unterdrückungsfreien Welt ankommen können. Eine Welt, in der nicht mehr eine Handvoll Menschen die Welt auf Kosten anderer regiert. Sondern eine Welt, in der jede lebende Seele, jedes Mineral, jedes Teilchen des Universums seinen eigenen Platz haben wird, ohne dass sein Wert infrage gestellt wird.

KURZBIOGRAFIEN

Shida Bazyar, geboren 1988 in Hermeskeil, studierte Literarisches Schreiben in Hildesheim und war, neben dem Schreiben, viele Jahre in der Jugendbildungsarbeit tätig. Ihr Debütroman *Nachts ist es leise in Teheran* erschien 2016 und wurde mehrfach übersetzt und ausgezeichnet. Ihr zweiter Roman *Drei Kameradinnen* wurde 2021 für den Deutschen Buchpreis nominiert.

Mareike Fallwickl ist eine österreichische Autorin und Texterin. Zuletzt erschienen von ihr die Romane *Das Licht ist hier viel heller* (2019), *Dunkelgrün fast schwarz* (2018) und *Die Wut, die bleibt* (2022). Über ihre eigenen Leseerfahrungen bloggt sie auf buecherwurmloch.at, und auf Instagram ist sie als @the_zuckergoscherl aktiv. Sie lebt in Salzburg.

Linus Giese, geboren 1986, ist Autor, Buchhändler und schreibt auf dem Blog *Buzzaldrins* über Bücher. In seiner Autobiografie *Ich bin Linus. Wie ich der Mann wurde, der ich schon immer war* (2020) erzählt er von seinen Erfahrungen als trans Mann. Er lebt in Berlin.

Kübra Gümüşay ist Autorin des Bestsellers *Sprache & Sein* (2020) sowie Initiatorin zahlreicher Kampagnen und Vereine – u. a. die Antirassismus-Kampagne #SchauHin, das feministische Bündnis #ausnahmslos und die Kampagne »Organisierte Liebe«. Das Magazin *Forbes* zählte sie 2018 zu den Top 30 unter 30 in Europa im Bereich Media und Marketing.

Simone Hirth, geboren 1985 in Freudenstadt im Schwarzwald, studierte am Deutschen Literaturinstitut Leipzig und lebt heute als freischaffende Autorin mit ihrem Sohn in Kirchstetten (Niederösterreich). Sie ist die mehrfach ausgezeichnete Autorin dreier Romane, zuletzt erschien *Das Loch* (2020).

Gertraud Klemm, geboren 1971 in Wien, ist eine österreichische Biologin und vielfach ausgezeichnete Autorin (u. a. Publikumspreis Bachmannpreis 2014, Outstanding Artist Award 2020, Ernst-Toller-Preis 2021). Zuletzt erschien von ihr der Roman *Hippocampus* (2019).

Julia Korbik, geboren 1988, schreibt vor allem über Politik, Popkultur und Feminismus. 2018 wurde sie mit dem Luise-Büchner-Preis für Publizistik ausgezeichnet. Zu ihren Veröffentlichungen zählen u. a. *Stand Up. Feminismus für alle*, *Oh, Simone! Warum wir Beauvoir wiederentdecken sollten* und *Bonjour Liberté. Françoise Sagan und der Aufbruch in die Freiheit*. Sie lebt in Berlin.

Miku Sophie Kühmel, geboren 1992, hat in New York und in Berlin studiert, wo sie heute lebt und arbeitet – derzeit an kurzer Prosa, langem Audio und einem neuen Roman. Ihr Debütroman *Kintsugi* ist 2019 erschienen, wurde zweifach ausgezeichnet und stand auf der Shortlist des Deutschen Buchpreises.

Kristof Magnusson ist Autor von Romanen und Theaterkomödien sowie Übersetzer aus dem Isländischen. Zuletzt erschienen von ihm der Roman *Ein Mann der Kunst* (2020) und der Band *Kristof Magnusson über Pet Shop Boys, queere Vorbilder und musikalischen Mainstream* (2021).

Nicolas Mahler, geboren 1969, lebt und arbeitet als Zeichner und Illustrator in Wien. Seine Comics und Cartoons erscheinen u.a. in der *NZZ am Sonntag*, *FAZ* und in der *Titanic*. Bekannt wurde er mit seinen Literaturadaptionen nach Thomas Bernhard, Robert Musil, James Joyce und Marcel Proust. Für sein umfangreiches Werk wurde er mehrfach ausgezeichnet.

Barbara Rieger, geboren 1982 in Graz, studierte Kultur- und Sozialanthropologie in Wien und lebt heute als Autorin und Schreibpädagogin im Almtal (Oberösterreich). Bisher erschienen von ihr zwei Romane und vier Anthologien, zwei davon mit dem Fotokünstler Alain Barbero, mit dem sie den multilingualen Literatur- und Fotoblog cafe. entropy.at betreibt.

Emilia Roig ist Expertin für Intersektionalität, Gleichberechtigung und Antidiskriminierung. Sie setzt sich für soziale Gerechtigkeit ein und prägt den Diskurs über systemische Ungleichheiten und Diskriminierung, u.a. durch die Gründung des Center for Intersectional Justice (2017) und durch die Veröffentlichung ihres Buches *Why We Matter. Das Ende der Unterdrückung* (2021).

Jaroslav Rudiš, geboren 1972 in der Tschechoslowakei, lebt heute in Lomnice nad Popelkou und Berlin und ist Schriftsteller, Drehbuchautor, Dramatiker und Musiker. Sein Roman *Winterbergs letzte Reise* (2019) – der erste Band, den er auf Deutsch verfasst hat – wurde für den Preis der Leipziger Buchmesse nominiert und mit dem Chamisso-Preis ausgezeichnet.

Mithu M. Sanyal ist Schriftstellerin, Kulturwissenschaftlerin und Journalistin. Für ihre Sachbücher *Vulva* und *Vergewaltigung. Aspekte eines Verbrechens* wurde sie u. a. mit dem Preis »Geisteswissenschaften international« ausgezeichnet. Ihr Debütroman *Identitti* erschien 2021 und stand auf der Shortlist des Deutschen Buchpreises.

Tonio Schachinger, geboren 1992 in New Delhi, studierte in Wien Germanistik, Romanistik und Sprachkunst. Sein Debütroman *Nicht wie ihr* erschien 2019, stand auf der Shortlist des Deutschen Buchpreises und wurde mit dem Förderpreis zum Bremer Literaturpreis ausgezeichnet.

Margit Schreiner, geboren in Linz, studierte in Salzburg, lebte zudem in Tokio, Paris, Berlin und bei Rom, heute im Waldviertel. Sie wurde u. a. mit dem Österreichischen Würdigungspreis (2009) und dem Anton-Wildgans–Preis (2016) ausgezeichnet. Zu ihren letzten Veröffentlichungen zählen *Sind Sie eigentlich fit genug?* (2019) und *Vater. Mutter. Kind. Kriegserklärungen. Über das Private* (2021).

Anke Stelling, geboren 1971, lebt als Schriftstellerin in Berlin. Einem größeren Publikum bekannt wurde sie 2015 mit dem Roman *Bodentiefe Fenster*, einem noch größeren, als ihr Roman *Schäfchen im Trockenen* 2019 den Preis der Leipziger Buchmesse erhielt. Zuletzt erschien ihr Erzählungsband *Grundlagenforschung* (2020).

Sophia Süßmilch, geboren 1983 in Dachau, lebt in Berlin, München und Wien. In ihrem künstlerischen Werk setzt sie sich intensiv mit Weiblichkeit, Sexualität und Genderfragen auseinander, vorwiegend mithilfe von Malerei, Fotografie, Video, Performance und Objektkunst.

Philipp Winkler, geboren 1986, erhielt für seinen Debütroman *Hool* 2016 den ZDF aspekte Literaturpreis für das beste deutschsprachige Debüt und stand auf der Shortlist des Deutschen Buchpreises. Sein neuer Roman *Creep* ist im Januar 2022 erschienen.

Feridun Zaimoglu, geboren 1964 im anatolischen Bolu, lebt seit seinem sechsten Lebensmonat in Deutschland. Er studierte Kunst und Humanmedizin in Kiel und ist heute ein vielfach ausgezeichneter Autor. Zu seinen bekanntesten Romanen zählen *Leyla* (2006) und *Liebesbrand* (2008). Zuletzt erschien von ihm *Die Geschichte der Frau* (2019).

QUELLEN

Mithu Sanyal · *Welches Matriarchat hätten Sie denn gern?*

»Die Gesellschaft war immer«: Simone de Beauvoir, *Le deuxième sexe*, Vol. I, Teil II, Paris 1949, S. III.

»Durch des Mannes Missbrauch«: Johann Jakob Bachofen, *Das Mutterrecht*, Basel 1897, S. XXIV.

»Kommunistischer Haushalt bedeutet aber«: Friedrich Engels, *Der Ursprung der Familie, des Privateigentums und des Staates*, MEW 21, [1884], S. 53.

»Warum Frauen in diesen Gesellschaften«: Vgl. Studie von Marc Howard Ross, »Studying Politics Cross-Culturally«, 1988, https://journals.sagepub.com/doi/abs/10.1177/106939718802200110.

Margit Schreiner · *Clownfische*

Ein Ausschnitt des hier abgedruckten Textes stammt aus dem Roman *Mütter. Väter. Männer. Klassenkämpfe. Über das Private*, der 2022 im Verlag Schöffling & Co. erscheint.

»Er geriet während des Interviews«: Vgl. Ricardo Coler, Jürgen Vogt, »Männer leben besser, wo Frauen das Sagen haben«, *Spiegel Online*, 27.05.2009, https://www.spiegel.de/panorama/gesellschaft/matriarchat-maenner-leben-besser-wo-frauen-das-sagen-haben-a-627103.html.

»Ich gleiche meine Erinnerungen«: Vgl. Thomas Hylland Eriksen, *Small Places, Large Issues. An Indroduction to Social and Cultural Anthropology*, New York 2010.

»Von Darwin war die Vorstellung«: Uwe Wesel, *Der Mythos vom Matriarchat. Über Bachofens Mutterrecht und die Stellung von Frauen in frühen Gesellschaften vor der Entstehung staatlicher Herrschaft*, Frankfurt a. M. 1980, S. 73.

»Das bekannteste Werk«: Vgl. Johann Jakob Bachofen, *Das Mutterrecht*, Frankfurt a. M. 1975.

»Der englische Ethnologe«: Vgl. John Ferguson McLennan, *Primitive Marriage. An Inquiry into the Origin of the Forms of Capture in Marriage Ceremonies*, Chicago 1970.

»Als zentrales Werk«: Vgl. Lewis Henry Morgan, *Ancient Society. Researches in the Lines of Human Progress from Savagery through Barbarism to Civilization*, London 1877.

»Beide postulieren«: Vgl. Friedrich Engels, *Der Ursprung der Familie, des Privateigentums und des Staates*, MEW 21, [1884].

»Merkmale eines Matriarchats«: Vgl. Heide Göttner-Abendroth, *Das Matriarchat II.1 Stammesgesellschaften in Ostasien, Ozeanien, Amerika*, Stuttgart 1991, S. 37 f.

»kritisiert die feministisch-esoterische«: Vgl. Martina Schäfer, *Die Wolfsfrau im Schafspelz*, Basel 2001.

»sich mitten in einer patriarchalen«: Veronika Bennholdt-Thomsen (Hg.), *Juchitán. Stadt der Frauen*, Reinbek 1994, S. 16.

»dass die Degradierung des Matriarchats«: Vgl. Dagmar Wieselthaler-Buchta, *Theorien zum Matriarchat und seiner Überherrschung*, Dissertation an der Universität Wien, Wien 1997.

»Die bessere Situation der Frauen«: Wesel, *Der Mythos vom Matriarchat*, S. 83.

»Die Lösung für die Zukunft«: Ebd., S. 148.

»Dafür schickt mir ein«: Vgl. Chris Knight, *Controversies Over Matriarchy*, Februar 2021, https://vimeo.com/514318871.

Kübra Gümüşay · *Die Frau auf dem Thron*

»As soon as we learn words«: Sheila Rowbotham, *Woman's Consciousness, Man's World*, London 2015, S. 32.

»No one lives in this room«: Adrienne Rich, »Origins and History of Consciousness«, in: dies., *The Dream of a Common Language*, New York 1978.

»Eine Utopie«: Rea Gorgon, »Utopos – kein Ort«, in: Marlies Fröse (Hg.), *UTOPOS – Kein Ort. Mary Daly's Patriarchatskritik und feministische Politik*, Bielefeld 1988, S. 131–133.

Miku Sophie Kühmel · *Material*

»*Dir ist klar*«: Sharon Dodua Otoo, *Adas Raum*, Frankfurt a. M. 2021, S. 258.

Kristof Magnusson · *Die Sache mit dem Namen*

»Gerda Weilers viel diskutiertes Buch«: Vgl. Gerda Weiler, *Das Matriarchat im alten Israel*, Stuttgart 1989.

»Anhand der Häufigkeit von Matronymen«: Vgl. Earle Bennett Cross, »Traces of the Matronymic Family in the Hebrew Social Organization«, in: *The Biblical World*, Dezember 1910.

»Namen gibt, wer«: Zitiert in Irmtraud Fischer, »Die Erzeltern Israels. Feministisch-theologische Studien zu Genesis 12–36«, in: *Beihefte zur Zeitschrift für die alttestamentliche Wissenschaft*, Band 222, Berlin 1994.

Gertraud Klemm · *Der feuchte Traum*

»Die vielleicht größte Herausforderung«: Gerda Lerner, *Die Entstehung des Patriarchats*, Frankfurt a. M. 1991, S. 283.

»Weibchen […] das Sagen«: Markus Dichmann, »Zebramangusten. Wo die Weibchen das Sagen haben«, *Deutschlandfunk Nova*, 21.04.2021.

»Bei diesen Tieren sind Männchen«: Sebastian Leber, »Bei diesen Tieren sind Männchen zu lebenslangem Schleimen verdammt«, *Tagesspiegel*, 30.11.2017.

»Immer wieder flammten anatomische Erkenntnisse«: Vgl. https://
de.wikipedia.org/wiki/Klitoris#Bedeutung_in_der_Wissenschafts
geschichte, abgerufen am 16.09.2021.

Linus Giese · *Queertopia*
»zwei Seiten derselben Medaille«: Riane Eisler, *Kelch & Schwert.
Unsere Geschichte, unsere Zukunft*, München 1993.
»In life we hide the parts«: Lil Nas X, *MONTERO (Call me by your
name)*, 2021.
»Auch unsere Männer«: Glennon Doyle, *Ungezähmt*, Hamburg 2020.
»Diese Begleitungsgespräche stellen«: Steven Meyer, »Medizin ohne
üblichen Takt«, https://taz.de/Arztpraxis-fuer-trans-Personen/
!5747477/, abgerufen am 21.02.2021.

Philipp Winkler · *Earth-M und ihre Superheld:innen*
»Aw, that's girls' stuff«: William Moulton Marston, »Why
100,000,000 Americans Read Comics«, in: *The American Scholar*,
Winter 1943–44.
»A superhero is a person«: Stan Lee, »More Than Normal, But
Believable«, in: Robin S. Rosenberg und Peter Coogan (Hg.), *What
Is a Superhero?*, Oxford 2013.
»Fight on as before«: Willam Moulton Marston, H. G. Peter, *All Star
Comics #8*, Dezember 1941.

Mareike Fallwickl · *Tamina Blue*
Dieser Text erschien erstmals im Juli 2021 in der Zeitschrift *DAS
GRAMM*.

Emilia Roig · *Das Ende der Unterdrückung*
»The feminist movement«: The Associated Press, »Robertson Letter
Attacks Feminists«, *The New York Times*, 26.08.1992.
»Feministinnen, die sich mit dieser Frage«: Vgl. u. a. Joan Tronto,
Carol Gilligan, Joan Scott, Gisela Bock, Rian Voet, Judith Butler.

»Männer und Frauen sind unterschiedlich«: Vgl. Neeru Tandon, *Feminism: A Paradigm Shift*, New Delhi 2009, S. 68 (über Mary Daly).

»bis hin zum Mord«: Vgl. TMM Update zum Trans Day of Remembrance 2020, https://transrespect.org/en/tmm-update-tdor-2020, 22.06.2021.

»you cannot dismantle«: Audre Lorde: »The Master's Tools«, in: dies., *Sister Outsider. Essays and Speeches*, Berkeley 1981.

»Wer mit Ungeheuern kämpft«: Friedrich Nietzsche, *Jenseits von Gut und Böse*, Leipzig 1886.

»Weiße Glück haben«: Kimberly Jones, »How Can We Win«, https://www.youtube.com/watch?v = llci8MVh8J4, 09.06.2020, eigene Übersetzung.

»Das Ende des Patriarchats«: Vgl. Emilia Roig, *Why We Matter. Das Ende der Unterdrückung*, Berlin 2021.

ILKA PIEPGRAS (HG.)
Schreibtisch mit Aussicht
Schriftstellerinnen über ihr Schreiben

»Dieses Buch feiert die Vielfalt und Größe
schreibender Frauen.«
ZDF Kultur Dein Buch

Schreiben ist harte Arbeit, das gilt unabhängig vom Geschlecht, und es ist Synonym für allerhöchste Konzentration. Bislang sind Werkstattberichte von Frauen rar. Dieses Buch versammelt nun erstmals Beiträge über die Schnittstelle von Leben und Kunst. Mal ergreifend und offenherzig, mal pragmatisch und wirklichkeitsnah reflektiert jeder Text auf eigene Art weiblichen Schöpfergeist und räumt mit überholten Schriftstellerinnen-Klischees auf. Was bringt Schriftstellerinnen dazu, zu schreiben? Womit kämpfen sie im Alltag, was beflügelt sie, was lässt sie dranbleiben?

Anthologie
Hardcover, 288 Seiten
ISBN 978-3-0369-5826-2

www.keinundaber.ch